"一带一路"列国人物传系　总主编◎王丽

海国探路者
魏源传

徐帮学　刘强伦◎主编

华文出版社
中国出版集团公司

图书在版编目（CIP）数据

魏源传：海国探路者 / 徐帮学，刘强伦主编. ——北京：华文出版社，2022.10
（"一带一路"列国人物传系）
ISBN 978-7-5075-5387-1

Ⅰ.①魏… Ⅱ.①徐… ②刘… Ⅲ.①魏源（1794—1857）—传记 Ⅳ.①B252

中国版本图书馆CIP数据核字（2020）第236992号

魏源传：海国探路者

主　　编：	徐帮学　刘强伦
责任编辑：	谭　笑
出版发行：	华文出版社
社　　址：	北京市西城区广外大街305号8区2号楼
邮政编码：	100055
投稿信箱：	784263235@qq.com
电　　话：	总 编 室 010-58336239
	发 行 部 010-58336267/58336253
	责任编辑 010-58336237
经　　销：	新华书店
印　　刷：	三河市航远印刷有限公司
开　　本：	880×1230　1/32
印　　张：	7.875
字　　数：	135千字
版　　次：	2022年10月第1版
印　　次：	2022年10月第1次印刷
标准书号：	ISBN 978-7-5075-5387-1
定　　价：	38.00元

版权所有　侵权必究

"'一带一路'列国人物传系"编辑委员会

指导单位：

中国文学艺术界联合会

中国社会科学院国家全球战略智库

编委会：

总主编： 王　丽

副主编： 唐得阳　王灵桂

委　员：（按姓氏笔画排序）

丁闻琦	丁　超	于　青	于福龙	马细谱	王成军	王　丽
王灵桂	王建沂	王春阳	王郦久	王洪起	王宪举	王　渊
文　炜	孔祥琇	石　岚	白明亮	冯玉芝	成　功	朱可人
刘　文	刘思彤	刘铨超	安国君	许文鸿	许烟华	孙钢宏
孙晓玲	苏　秦	杜荣友	李一鸣	李永全	李永庆	李垂发
李玲玲	李贵方	李润南	李嘉慧	余志和	宋　健	张　宁
张　敏	陈小明	邵诗洋	邵逸文	周由强	周　戎	周国长
庞亚楠	胡圣文	姜林晨	贺　颖	贾仁山	高子华	高宏然
唐岫敏	唐得阳	董　鹏	韩同飞	景　峰	程　稀	谢路军
翟文婧	熊友奇	鞠思佳				

支持单位：

中国社会科学院俄罗斯东欧中亚研究所

北京融商一带一路法律与商事服务中心

法律顾问：

北京德恒律师事务所

总　序

群星闪耀"一带一路"

"2100多年前，中国汉代的张骞肩负和平友好使命，两次出使中亚，开启了中国同中亚各国友好交往的大门，开辟出一条横贯东西、连接欧亚的丝绸之路。"①2013年9月7日，中国国家主席习近平在哈萨克斯坦纳扎尔巴耶夫大学发表演讲，以博古通今的睿智对大学生们娓娓道来丝绸之路古老而年轻的故事。

"我的家乡陕西，就位于古丝绸之路的起点。站在这里，回首历史，我仿佛听到了山间回荡的声声驼铃，看到了大漠飘飞的袅袅孤烟。这一切，让我感到十分亲切。哈萨克斯坦这片土地，是古丝绸之路经过的地方，曾经为沟通东西方文明，促进不同民族、不同文化相互交流和合作作出过重要贡献。

---

① 《习近平谈治国理政》，外文出版社，2014年10月第1版，第287页。

东西方使节、商队、游客、学者、工匠川流不息,沿途各国互通有无、互学互鉴,共同推动了人类文明进步。""不同种族、不同信仰、不同文化背景的国家完全可以共享和平、共同发展。这是古丝绸之路留给我们的宝贵启示","为了使我们欧亚各国经济联系更加紧密、相互合作更加深入、发展空间更加广阔,我们可以用创新的合作模式,共同建设'丝绸之路经济带'"。① 推己及人,高瞻远瞩,引领时代,习主席在阿斯塔纳②通过哈萨克斯坦人民,首次向世界发出了让古老的丝路精神再次焕发青春和光彩的时代宣言。

2013年10月3日,习主席在印度尼西亚国会发表了题为《共同建设二十一世纪"海上丝绸之路"》的演讲:"东南亚地区自古以来就是'海上丝绸之路'的重要枢纽,中国愿同东盟国家加强海上合作,使用好中国政府设立的中国－东盟海上合作基金,发展好海洋合作伙伴关系,共同建设21世纪'海上丝绸之路'","发挥各自优势,实现多元共生、包容共进,共同造福于本地区人民和世界各国人民"。③ 这个倡议和9月7日的演讲异曲同工、

---

① 《习近平谈治国理政》,外文出版社,2014年10月第1版,第287页。
② 哈萨克斯坦新首都名称。
③ 同①,第293—295页。

遥相呼应、互为映衬，完整地提出了"丝绸之路经济带"和"21世纪海上丝绸之路"的宏伟构想。

从广袤的亚欧腹地哈萨克斯坦到风光旖旎的印度尼西亚，习主席提出的"丝绸之路经济带"和"21世纪海上丝绸之路"吸引了世界各国的目光。从2013年9月至2016年8月，习近平出访37个国家（亚洲18国、欧洲9国、非洲3国、拉美4国、大洋洲3国），对"一带一路"倡议的总体框架和基本内涵做了充分阐述。和平合作、开放包容、互鉴互学、互利共赢的丝路精神，共商、共建、共享的合作理念，驱散了"去全球化"的阴霾，为增长低迷的世界经济注入新的动能。各国纷纷将本国经济发展与中国政府制定的《推动共建丝绸之路经济带和21世纪海上丝绸之路的愿景与行动》规划相衔接。"一带一路"倡导的政策沟通、设施联通、贸易畅通、资金融通、民心相通等"五通"，正在以基础设施、经贸合作、产业投资、能源资源、金融支撑、人文交流、生态环保、海洋合作等为载体和依托，在全球掀起了投资兴业、互联互通、技术创新、产能合作的新势头。2016年中国牵头成立有57个成员国加入的亚洲基础设施投资银行（AIIB），2017年3月23日迎来13个新伙伴。孟加拉配电系统升级扩容项目、印尼全国棚户区改造项目、巴基斯坦国家高速公路项目和塔吉克斯坦杜尚别至乌兹别克斯坦道路改造项目已经获得亚投行金融支持，共商共建成为现实。

"一带一路"倡议得到国际社会的热烈响应。2016年11月17日，第71届联合国大会193个成员一致赞同，通过了第A/71/9号决议，欢迎"一带一路"倡议，敦促各国通过参与"一带一路"，呼吁国际社会为开展"一带一路"建设提供安全保障环境。2017年3月17日，联合国安理会全票赞成，一致通过第2344号决议，呼吁国际社会凝聚援助阿富汗共识，通过"一带一路"建设等加强区域经济合作，敦促各方为"一带一路"建设提供安全保障环境。

2017年1月，习近平主席在联合国日内瓦总部发表题为《共同构建人类命运共同体》的重要演讲，全面深入系统阐述人类命运共同体重大理念，在国际上引起热烈反响，受到各方普遍欢迎和高度评价。3月23日，联合国人权理事会第34次会议通过关于"经济、社会、文化权利"和"粮食权"两个决议，决议明确表示要通过"一带一路"建设"构建人类命运共同体"。这是人类命运共同体重大理念首次载入人权理事会决议，标志着这一理念成为国际人权话语体系的重要组成部分。

"一带一路"不是中国的独角戏,是与亚、欧、非洲及世界各国共同奏响的交响乐。中国恪守联合国宪章的宗旨和原则,坚持开放合作、和谐包容、政策沟通,培育政治互信,建立合作共识,协调发展战略、促进贸易便利化及多边合作体制机制。中国携手100多个国家和地区,依托国际大通道,以陆上沿线中心城市为支撑,以重点经贸产业园区为合作平台,共同打造新亚欧大陆桥、中蒙俄、中国-中亚-西亚、中巴、孟中印缅、中国-中南半岛等国际经济合作走廊进展顺利,中欧班列在贸易畅通上动力强劲,风景亮丽;以海上重点港口为节点,共同建设通畅安全高效的运输通道,实现陆海路径的紧密关联和合作,太平洋、印度洋、大西洋上巨轮往来频繁,不亦乐乎。亚太经合组织、亚欧会议、大湄公河次区域合作等有关决议或文件,都体现了"一带一路"建设内容。丝路基金、开发性金融、供应链金融汇聚全球财富,建设绿色、健康、智慧与和平的丝绸之路,增进各国民众福祉。

"一带一路"是人类历史上从未有过的恢弘蓝图,也是横跨亚非欧连接世界各国的暖心红线。"丝绸之路经济带"包括中国经中亚、俄罗斯至欧洲(波罗的海),中国经中亚、西亚至波斯湾、地中海,中国至东南亚、南亚、印度洋;"21世纪海上丝绸之路"包括从中国沿海港口过南海到印度洋再延伸至欧洲和到南太平洋。一路驼铃声声、舟楫相望,互通有无、友好交往。

在新的时代,在创新古老丝路精神的伟大进程中,习主席专门缅怀丝路开拓者,特意致敬古丝路精神奠基人:"我们的祖先在大漠戈壁上'驰命走驿,不绝于时月',在汪洋大海中'云帆高张,昼夜星驰',走在了古代世界各民族友好交往的前列。甘英、郑和、伊本·白图泰是我们熟悉的中阿交流友好使者。丝绸之路把中国的造纸术、火药、印刷术、指南针经阿拉伯地区传播到欧洲,又把阿拉伯的天文、历法、医药介绍到中国,在文明交流互鉴史上写下了重要篇章。千百年来,丝绸之路承载的和平合作、开放包容、互学互鉴、互利共赢精神薪火相传。"①这种吃水不忘挖井人的情怀,再次展现了中华民族不忘历史、纪念先贤、展望未来的优秀文化基因,也为中国传记文学学会参加"一带一路"建设指明了方向和道路。

在古老的丝绸之路上,我们不曾相忘:张骞出使西域到过的哈萨克斯坦,山高水长的好邻居巴基斯坦,双头鹰下横跨欧亚之国俄罗斯,草原之国蒙

---

① 习近平:《弘扬丝路精神,深化中阿合作》,2014年6月5日,习近平在中—阿合作论坛第六届部长级会议开幕式上的讲话,《人民日报》6月6日第1版。

古，喜马拉雅浮世天堂尼泊尔，菩提恒河保佑之国印度，文化瑰宝伊朗，首创法典之国伊拉克，红海门户之国也门，石油王国沙特阿拉伯，波斯湾明珠巴林，雪松之国黎巴嫩，海湾之秀科威特，沙漠之巅阿联酋，半岛明珠之国卡塔尔，波斯湾霍尔木兹海峡守门人阿曼，万湖之国白俄罗斯，欧亚十字路口土耳其，流着奶和蜜之地以色列，欧洲粮仓乌克兰，亚平宁半岛上的文化巅峰意大利，阿尔卑斯之巅的瑞士，玫瑰之国保加利亚，与灵魂对话的思辨之国德意志，欧洲文化殿堂法兰西，欧洲客厅比利时，郁金香之国荷兰，热情如火的西班牙，还有正在脱欧的绅士国度英国，北非金字塔之国埃及，非洲屋脊奉马蹄莲为国花的埃塞俄比亚，香草大岛之国马达加斯加，等等。

　　沿着海上丝绸之路，我们会领略丛林花园之国马来西亚，花园国度新加坡，千岛之国菲律宾，赤道翡翠之国印度尼西亚；沿澜沧江一路南下，我们不曾相忘澜湄泽润之国越南，千佛之国泰国，高棉的微笑之国柬埔寨，万象之都老挝，印度洋上明珠之国斯里兰卡，印度洋上的明星和钥匙毛里求斯，堆金积玉之国文莱，追求自由之国东帝汶，印度洋世外桃源马尔代夫，骑在羊背上的国家澳大利亚，上帝的后花园新西兰，等等。

"一带一路"沿线国家里,那些千百年来影响了人类与国家、民族命运并与中国曾经有过交往的古今人物,至今还能在教科书、影视剧里看到他们,还能感受到他们在一代一代年轻人身上所生发的影响和魅力。

当然,对于中国人来说,更为熟悉的是丝绸之路的开拓者。曾记否?丝绸之路开拓者中,有汉武帝和他的使节们,有首开大唐盛世的唐太宗及其无数臣民,有再续睦邻通商航海路的宋祖朝廷和无数先贤,还有金戈铁马风漫卷的元代人物,一统江山万里帆的明代人物,环球凉热自清浊的清代人物,东西碰撞溅火花的近代人物,还有经受风雨变迁、勇立海国之志的现代人物,更有丝路明珠敦煌莫高窟的守护者,卫国助邻的将军和通司中外的外交家们。当然,数风流人物,还看今朝,我们不能不浓墨重彩地讴歌那些智通商海,投身到新丝路建设中的当代人物。

耕云播雨,香火延续,智慧传承,历史再续!2100多年的友好交往历史从未隔断,惠及三大洲的中西交通从未停歇,21世纪的"中国梦"和"世界梦"汇成了人类命运共同体的时代和弦,响彻在"一带一路"辽阔的长空。也正因如此,2017年5月,北京喜迎来自"一带一路"相关国家的元首、政府首脑、前政要、知名企业家和专家学者等各界代表，以及国际组织的负责人等千名领袖，出席"'一带一路'国际合作高峰论坛"。"千人盛会"共襄"团结互信、平等互利、包容互鉴、合作共赢"①之盛举，共商"沿线各国共同把蛋糕做大，一起分蛋糕"之合作共赢大计。这是中华民族和世界历史上都应该铭记的大日子。

  以人物传记写作为己任的中国传记文学学会，在"一带一路"倡议实施中，肩负"讲好一带一路民心相通好故事"的使命和责任，这也是国家赋予我们的根本职责和任务。在中国文学艺术界联合会的领导下，在中国社会科学院国家全球战略智库指导下，中国传记文学学会以赤诚的家国情怀、强烈的时代精神、为人传记的责任担当，在认真调研、周密谋划、精心组织基础上，毅然决定倾注全力组织编写出版"'一带一路'列国人物传系"。此煌煌百卷传系讲述近千名各国人物故事，集数百位专家作家尽心挥毫，去冬今春，夜以继日……幸得中国出版集团公司华文出版社出版发行。于是，各位读者得以读到手中的这套活泼而不失厚重、有趣而不失学养的列国人物合传书卷。

---

① 习近平：《弘扬人民友谊，共创美好未来》，2013年9月7日，习近平主席在哈萨克斯坦纳扎尔巴耶夫大学的演讲。

孔子曰："仁者，人也。"让各国的先贤智者的思想光辉，照亮我们探索人类未来的道路。

传记明志，落笔为文，是为总序。

中国传记文学学会会长
"'一带一路'列国人物传系"编委会总主编
王丽 博士
2018 年 3 月 8 日

General Editor's Preface

The Belt and Road Initiative was conceived in 2013. On September 7, 2013, Chinese President Xi Jinping proposed for the first time the blueprint in a speech at Nazarbayev University during his visit to Kazakhstan:

> Over 2,100 years ago during China's Han Dynasty, a Chinese imperial envoy Zhang Qian visited Central Asia twice to open the door to friendly contacts between China and Central Asian countries as well as the transcontinental Silk Road linking East and West, Asia and Europe.
>
> Shaanxi, my home province, is right at the starting point of the ancient Silk Road. Today, as I stand here and look back into history, I could almost hear the camel bells ringing in the mountains and see the wisps of smoke rising

from the desert. It has brought me close to the place I am visiting. Sitting on the ancient Silk Road, Kazakhstan has made important contributions to the exchanges and cooperation between different nations and cultures. This land has witnessed a steady stream of envoys, caravans, travelers, scholars and artisans traveling between the East and the West. The exchanges and mutual learning thus made possible have contributed to the progress of human civilization.

... Countries with differences in race, belief and cultural background are fully capable of sharing peace and development. This is the valuable inspiration we have drawn from the ancient Silk Road.

... To forge closer economic ties, deepen cooperation and expand development opportunities between Eurasian countries, we should innovate the mode of cooperation and jointly build an "economic belt along the Silk Road".[①] Considering the interests of the world commnity, taking a broad and long view and leading the new era, in Astana, President Xi, through the people of Kazakhstan, for the first time issued a declaration to the world that the old Silk Road

---

[①] Xi Jinping, *The Governance of China* (Beijing: Foreign Languages Press, 2014) 287.

spirit would once again be rejuvenated and radiant.

On October 3, 2013, President Xi brought up this topic again in his address to the Indonesian Parliament under the title "Jointly Building the 21st Century Maritime Silk Road":

> Southeast Asia has since ancient times been an important hub along the ancient Maritime Silk Road. China will strengthen maritime cooperation with ASEAN countries to make good use of the China-ASEAN Maritime Cooperation Fund set up by the Chinese government and vigorously develop maritime partnership in a joint effort to build the Maritime Silk Road of the 21st century. China is ready to expand its practical cooperation with ASEAN countries across the board, supplying each other's needs and complementing each other's strengths, with a view to jointly seizing opportunities and meeting challenges for the benefit of common development and prosperity.[①]

The two talks framed the full picture of the

[①] Xi Jinping, *The Governance of China* (Beijing: Foreign Languages Press, 2014) 293-295.

conceptual "Silk Road Economic Belt" and the "21st Century Maritime Silk Road", which are collectively referred to as "The Belt and Road Initiative". Between September 2013 and August 2016, President Xi visited 37 countries (18 in Asia, 9 in Europe, 3 in Africa, 4 in Latin America and 3 in Oceania), giving a full exposition of the Belt and Road Initiative, from its overall framework to various details. The milieus of peaceful and all-win cooperation, financial integration, trade liberalization, and people-to-people bonds dispel the haze of anti-globalization and inject new vitality to the stagnant world economy.

The Belt and Road Initiative has been received with global enthusiasm. On November 17, 2016, all 193 member states of the United Nations unanimously passed the Resolution No. A/71/9 during the 71st Session of the United Nations General Assembly. This resolution endorsed China's Belt and Road Initiative, encouraged UN member countries to participate in the Initiative, and urged the international community to provide a safe environment for the implementation of the Initiative.

The Belt and Road Initiative is not a solo of China, but a symphony of countries from Asia, Europe, Africa and the rest of the world. By observing the Charter of the United Nations, China adheres to openness and cooperation, harmony and inclusiveness as well as policy coordination in order to bolster mutual political trust, reach cooperation consensus, coordinate development strategies, facilitate trade, and introduce multilateral cooperation mechanisms. China has established partnerships with over 100 countries and international organizations with the goal of jointly building a new Eurasian Land Bridge and developing China–Mongolia–Russia, China–Central Asia–West Asia, China–Pakistan, Bangladesh–China–India–Burma, and China–Indochina Peninsula economic corridors by taking advantage of international transport routes, relying on core cities along the Belt and Road and using key economic industrial parks as cooperation platforms. At sea, the Initiative will focus on jointly building smooth, secure and efficient transport routes connecting major sea ports along the Belt and Road, so as to achieve a closer connection and cooperation between land and sea routes, with the Pacific, Indian and Atlantic Oceans frequented by ships and vessels. Meanwhile, the Asia-Pacific Economic Cooperation

(APEC), the Asia-Europe Meeting (ASEM), the Greater Mekong Subregion (GMS) Economic Cooperation and many other regional cooperation mechanisms have included the Belt and Road Initiative in their relevant resolutions and documents.

We shall never forget the countries along the ancient Silk Road: Kazakhstan, the country visited by the Han Dynasty imperial envoy Zhang Qian; Pakistan, China's friendly neighbor bound by mountains and rivers; Russia, a country symbolized by a double headed eagle; Mongolia, the prairie country; Nepal, the paradise on the Himalayas; India, a land blessed by the holy river Ganges; Iran, a country full of cultural treasures; Iraq, the country where the famous *Code of Hammurabi* originates from; Yemen, the gate to the Red Sea; Saudi Arabia, the kingdom of petroleum; Bahrain, the pearl of the Persian Gulf; Lebanon, a country of cedars; Kuwait, a rising star of the Persian Gulf; United Arab Emirates, a diamond on the desert; Qatar, a gem on the Arabian Peninsula; Oman, the gatekeeper of the Hormuz Strait; Byelorussia, a country with myriad lakes; Turkey, the center of the crossroads of Eurasia; Israel, a country full of milk and honey; Ukraine, the granary of Europe;

Italy, the pinnacle of culture on the Apennine Peninsula; Switzerland, a country in the Alps; Bulgaria, the land of roses; Germany, a home to great minds; France, the cultural palace of Europe; Belgium, the drawing room of Europe; the Netherlands, a garden of tulips; Spain, the land of passion; United Kingdom, the country of gentlemen which is breaking from the EU; Egypt, a country of pyramids in North Africa; Ethiopia, the roof of Africa whose national flower is Calla Lily; Madagascar, the island nation where vanilla grows, and so on.

The Maritime Silk Road links Malaysia, a country of forests and gardens; Singapore, the flowery country; the Philippines, the country of a myriad of islands; and Indonesia, the emerald of the equator. Along the Lantsang River down to the south, we will pass Vietnam, the land nourished by the Mekong River; Thailand, a country of thousands of Buddhist temples; Cambodia, the home to Khmer smiles; Laos, the land of a million elephants; Sri Lanka, a bright pearl in the India Ocean; Mauritius, the shining star and key of the Indian Ocean; Brunei, a kingdom of gold and green; East Timor, a nation of independence; Maldives, a paradise in the India Ocean; Australia, the nation riding on the sheep's back; New

Zealand, the back garden of God, and so forth.

In the countries along the Belt and Road, names of distinguished figures, ancient or modern, who have affected the destiny of mankind, who have rewritten the history of nations, and who have had contacts with China, can still be found in today's textbooks, films and TV shows. We can still feel their enduring influence and charm on generations of young people.

Of course, for the Chinese people, the pioneers of the ancient Silk Road are more familiar. Yet, those who have devoted themselves to the building of the new Silk Road equally deserve our respect. In May 2017 during the Belt and Road Forum for International Cooperation, Beijing welcomed thousands of guests from around the world, including heads of state, heads of government, former politicians, business leaders, experts, scholars, and principals of international organizations. They gathered together in the common spirit of solidarity and mutual trust, equality and mutual benefit, inclusiveness and mutual learning, and win-win cooperation, to discuss how countries along the Belt and Road can work together to make the "pie" bigger and shared by all for mutual benefit.[①] This is a big day that should be remembered as a landmark in the history of the Chinese nation and the world.

The Biography Society of China, which makes it its mission to promote biography writing, shoulders the task and responsibility of telling well the stories of friendly exchanges among people of countries along the Belt and Road. This is also the fundamental duty and task assigned to us by our nation. Therefore, through careful investigation and passionate planning, the Biography Society of China decided to publish a hundred-volume series titled *Remarkable Lives Along the Belt and Road*. This project receives support from the China Federation of Literary and Art Circles and guidance from the National Institute of International Strategy of Chinese Academy of Social Sciences. From last winter till this spring, hundreds of experts were working around the clock on the biographies of a thousand remarkable lives. Here the series is presented to you.

As Confucius said, "Humanity is of humans". Let the lights of those great minds and lives illuminate our future

---

① Xi Jinping, "Promote People-to-People Friendship and Create a Better Future", Speech delivered at the Nazarbayev University, Kazakhstan, September 7, 2013.

path of exploration.

Comments, criticism and suggestions will all be appreciated.

Dr. Wang Li
Chairwoman:
The Biography Society of China
General Editor:
Remarkable Lives Along the Belt and Road
March 8, 2018

目 录

引言 …………………………………………………… 1

一、"腹内孕乾坤" ………………………………… 5
1. "忧乐常存报国心" ……………………………… 6
2. 反对独尊孔，追求新知识 ……………………… 18
3. 岳麓书生，湖南拔贡 …………………………… 29

二、"友天下士谋救时方" ………………………… 35
1. 龚自珍"不啻手足"的挚友 …………………… 36
2. 状元诗人的"讲学最契之友" ………………… 46
3. 经学大师心中的"无双国士" ………………… 55

三、幕府经世抗英 ………………………………… 70
1. 选编经世文，引领晚清经世思潮 ……………… 71
2. 参与三大政，开启近代改革先声 ……………… 81
3. 西北观兵，东南抗英 …………………………… 106

四、海国大发现 …………………………………… 124
1. 发现由海路连通的大世界 ……………………… 124

  2. 发现因航海而兴起的新文明 ………………… 135

  3. "师夷长技"，"中外一家" ………………… 147

五、大陆新探索 ……………………………………… 166

  1. "陆战之邻"俄罗斯 ………………………… 167

  2. 患难与共亚非拉 …………………………… 176

  3. 观东南邻国，迎千年变局 ………………… 187

后　记 ………………………………………………… 220

Contents

Introduction / 1

"Bearing the World in Mind" / 5

"Befriend all the Gentlemen under the Heaven, Seek Ways to Save the Nation" / 35

Joining the First Opium War against British Invasion as a Member of Chinese Think Tank / 70

Rediscovery of the Maritime Kingdoms / 124

New Exploration of the Continental Nations / 166

Afterword / 220

引言

魏源（1794—1857），湖南邵阳（今湖南省邵阳市隆回县）人，1808年考上秀才，1822年考中举人，1845年考取进士。历任内阁中书，江苏东台、兴化知县，淮北海州分司盐运判和江苏高邮知州。曾长期在两江总督署等官府任幕僚。

魏源是一位著名学者。主要代表作有《海国图志》《圣武记》《元史新编》《皇朝经世文编》《明代兵食二政录》《书古微》《诗古微》《公羊古微》《默觚》《老子本义》《孙子集注》等。岳麓书社2005年出版的《魏源全集》共20册、1100余万字。

魏源

魏源是一名杰出的爱国志士。为了驱逐侵入新疆的浩罕侵略军,他曾跟随西征军到达嘉峪关。为了抵抗英军入侵,他曾到达东南沿海抗英前线。他对如何保卫西北边疆、东北边疆和东南海疆,如何维护国家统一与国内各民族团结,如何实现富国强兵提出了系统的方案。

魏源是近代中国改革的先驱者。对河政改革和黄河治理提出过极其宝贵的意见,对江南水利建设作出了重要贡献,还筹划并参与了漕粮海运和票盐制等重大改革。

魏源是一个伟大的思想家。他提出的"师夷长技以制夷"的思想深深影响了近代中国的发展方向,至今仍具有特别重要的意义。

魏源是近代中国最早开眼看世界的主要代表人物,同时也是近代中国"一带一路"的最早探路人。

由于清代前期长期实行闭关锁国政策,鸦片战争时期,历史上几度活跃的丝绸之路在中国人脑海中已经变得非常模糊。另一方面，由于地理大发现，主要由西方列强控制的对华通商之路已经大大超过了古老的丝绸之路。不幸的是，这种由列强控制的通商之路，是一条血腥之路、侵略之路、掠夺之路。特别让魏源愤恨的是：中国以茶叶、大黄岁数百万济外夷之命，英夷乃以鸦片岁数千万竭中国之脂。鸦片让吸食者生活在"长夜国"，让中国到处乌烟瘴气，上层糜烂、下层麻木，国防衰弱、国库空虚，"为中国三千年未有之祸"。让人深为钦佩的是，魏源并没有让仇恨和义愤迷乱心智。他认识到，世界各国的相互交往，是一种不可抗拒的大趋势。世界各国的到来，只要"塞其害，师其长，彼且为我富强"。为了探讨"制夷"方略和中国的富强之路，魏源开眼看世界，从而使在当时的中国人脑海中一片模糊、一片混乱、一片空白的世界，变成了有地图显示、有文字说明、有数据标记的较为清晰的世界，古老的丝绸之路也因此被更好地显露了出来，并较前大为拓展。

今日中国倡导的"一带一路"，是一条和平之路、繁荣之路、开放之路、创新之路、文明之路。然而，由于世界局势的复杂，这条道路也不会平坦，必然会历尽坎坷。魏源在中国遭受"三千年未有之祸"的背景下开眼看世界与倡导"师夷长技"的胸怀、勇气、智慧、定力，可以从很多方面为今天的"一带一路"

建设提供启示。

2017年5月15日,中华人民共和国主席习近平在"一带一路"国际合作高峰论坛圆桌峰会上的闭幕词中说:

> 历史总是伴随着人们追求美好生活的脚步向前发展的。

> 新的起点上,我们要勇于担当,开拓进取,用实实在在的行动,推动"一带一路"建设国际合作不断取得新进展,为构建人类命运共同体注入强劲动力。

在这种大势下,魏源梦想的"风气日开,智慧日出""天下一家",一定会一步一步地成为现实。

一、"腹内孕乾坤"

太阳一出点点红,人乘骏马我骑龙。
人乘骏马走天下,我今骑龙入海中。
呀,八仙各自显神通。

这是魏源故乡——今湖南省邵阳市隆回县的一首山歌,由魏源的堂兄魏显达在1820年前后整理而成。一方面,这首山歌表明,魏源的故乡虽然位于湖南中部的一个偏远山区,但那里的人们同样也希望跨越海洋,走向世界。另一方面,这首山歌也表明、在当时魏源故乡人的心中,漂洋过海还是一种只有神仙才能做到的事情。

生长在这样一个远离大海和外国的

地方，魏源为什么能成为近代中国最早开眼看世界的主要代表人物？为什么能让古老的海陆"丝绸之路"在人们心中因他的观察和思考而开始变得较为清晰与具体呢？

1."忧乐常存报国心"

清代嘉庆年间的一天，湖南邵阳金潭（今湖南省邵阳市隆回县司门前镇）的魏源家来了一位年轻人。

这位年轻人名叫陶澍（1779—1839）。他是湖南安化人，魏源父亲魏邦鲁的好友，魏源二伯父魏辅邦的岳麓书院校友。在魏辅邦和魏邦鲁等同辈人的引领下，陶澍来到魏家大堂，拜见了魏源的祖父魏志顺。

陶澍恭恭敬敬地行完礼后，向魏志顺送上了他带来的礼品。

"来玩就行了，还带什么东西呀。"

"没带什么值钱的东西，就带了一些我们自家产的茶叶，请您老和众兄弟品尝。"

古老的丝绸之路，此时运送的最主要的商品并不是丝绸，而是茶叶。例如，1832年在广州出口的中国商品中，茶叶价值1500万元，占出口总额的60%，而生丝只有600万元，占出口总额的24%。在面向俄罗斯与中西亚各国的陆地丝绸之路的运输货物中，茶叶所占的比重更大。魏源在《海国图志》中记载道:"(俄国)在道光十年(1830)买去(茶叶)563440磅,在道光十二年(1832)买去6461000磅,皆系黑茶。由喀(恰)克图旱路运至担色(托木斯克),再由水旱二路分运至娜阿额罗(下哥罗德)。"另有资料显示,1850年,俄国从恰克图输入茶叶296618普特(1普特≈16.38千克),价值6527000卢布,约占俄国同期从华输入商品总值的94%。

陶澍的家乡安化,当时是著名的茶乡,有茶叶专业镇8个,茶号300多家,茶工10万人。当时的安化茶叶,南下广东,经广州口岸运往西方各国;北上新疆,并由这里转往蒙古、俄罗斯,以及中亚、西亚各国。魏源在《海国图志》中所说的黑茶最大的产地就是安化。安化在清朝时,最高年产黑茶18万担,红茶70万箱。当时湖南省的黑茶,70%～80%产在安化。而湖南的黑茶,当时占中国黑茶总产量的40%,居中国5个黑茶产地之首。其他4省分别为四川(乌茶)20%,广西(六堡茶)15%,云南(普洱茶)15%,湖北(老青茶)10%。因此,堪称"世界黑茶之都"的安化,是清代丝绸之路的重要起点之一。魏源的家乡与安化同属资江流域,因而距丝绸之路也不远。

交谈中,魏源的祖父魏志顺得知陶澍家境贫寒,无法前往北京参加乡试和会试,便以借贷的名义资助了陶澍一笔钱。陶澍后于1802年考上进士，最后官至两江总督。

两江总督管辖江苏（含今上海）、安徽、江西三省，所辖地区为清代中国最富裕的地区。田赋占全国总额的30%左右，漕粮占全国的64.3%，区内人口在1820年达到9791.71万，占全国直省人口的27.71%。因此，两江总督被视为与直隶总督（管辖今天津、河北大部与河南、山东小部）并重的清代地方政府中的两大支柱。在中国近代史上赫赫有名的曾国藩、李鸿章、左宗棠、张之洞，都担任过两江总督。

魏源的族侄孙魏光焘（1837—1916），也担任过两江总督。魏光焘后来请人整理魏源尚只完成初稿的《元史新编》并出资首印这部著作，还出资重印了魏源的《海国图志》及其他多部著作，对魏源思想的传播起了重要作用。魏光焘还是辛亥革命时期的开明派，其儿子魏肇文更是一个重要的革命派，曾任孙中山大元帅府参议、孙中山领导的军事委员会委员长。他的两个外孙女：朱仲丽和朱仲芷，分别是中共领导人王稼祥、共和国开国大将萧劲光的夫人。这种家族史，对魏源思想的先进性是一个很好的证明。

这样一个家族的家庭，不会是一个普通的家庭。

魏源的曾祖父名叫魏大公，是湖南邵阳金潭的一个大富豪。他乐善好施，经常接济贫寒之人。相传，他家建有一个望烟楼，每到做饭的时刻，就派人登楼四处眺望，如发现哪家没有炊烟，就给他们送去粮食。康熙三十九年（1700），邵阳大旱，乡亲们交不出田赋，魏大公慷慨解囊，代本乡全额缴纳了赋银。乡亲们非常感谢，知县向魏家赠送了"邵邑醇良"的匾额。

魏源的祖父魏志顺同样非常富裕，人们称其为"万石君"。今人看到的隆回魏源故居就是"万石君"修建的，而且只是10座类似大院中的一座。因为"万石君"有10个儿子，他给他们每人建了一座大体一致的宅院。这是一座总占地面积2300平方米的大四合院，共有两栋正房、两栋厢房。两栋正房和左厢房均为平房，单檐悬顶，盖小青瓦。正房面阔五间，进深二间；左厢

隆回魏源故居

房面阔五间,进深二间。右厢房为二层楼房,面阔七间,进深四间,底层五间全为谷仓,二楼为读书楼,魏源就是在这栋楼上度过了他的童年和少年时期。

像父亲魏大公一样,"万石君"也是一个乐善好施的人。嘉庆八年(1803),邵阳再次发生大饥荒。官府仍像往常那样逼交赋银,民众非常愤怒,酝酿闹事。其时,规模巨大的川楚白莲教起义(1795—1804)尚未平息,一旦生出新的事端,后果不堪设想。"万石君"心急如焚,连忙前往县衙,像他父亲魏大公那样代替本乡全额缴纳了赋银。此时的中国,已经由盛世转为衰世、乱世,魏志顺代交全乡赋银后,再也无法恢复家业,魏家因此而家道中落。

魏源的父亲魏邦鲁(1768—1831)是国子监生,长期在江苏当官,历任华亭金山司、嘉定诸翟司、吴江平望司、上海黄浦司、上海吴淞司、太仓甘草司、荆溪张渚司、海州惠泽司等地巡检、苏州钱局监督、宝山县水利主簿等职。这些职务相当于今天的乡镇派出所所长、省造币厂厂长和县水利局局长,是当时最低级别(从九品)的官。但任职地区均为今天中国的沿海发达地区,所见所闻,不同于内地的小吏。在这些职务中,苏州钱局监督是一个腐败高危职位,然而魏邦鲁任此职5年,则是"不名一钱",而且不恋这个肥缺,多次请辞,最后改任宝山县水利主簿。此外,魏邦鲁还是一个能吏,由他负责的地方,"盗贼敛迹",灾民能够得到救济,教育能够得到改善。因此,江苏巡抚陶澍和历任江苏布政司林则徐、贺长龄、梁章钜对魏邦鲁"皆礼貌之,不以小吏遇也"。有了这样一位父亲,生长在内地乡镇的魏源,对大海和宦海并不陌生。

由于魏邦鲁常年在外地读书与做官,对少年魏源影响更大的男性家长,还是他的祖父魏志顺,也就是"万石君"。

魏源出生于乾隆五十九年三月二十四日(1794年4月23日),是魏邦鲁的第二个儿子,本名远达。他有一个哥哥,名达聪,后来又有了两个弟弟:达章、达节。此外,魏源还有嫡堂兄弟19人,本族堂兄弟42人。

魏源家乡所在的今隆回县司门前镇历史上为隆回司衙门所在地,是隆回的政治、经济、文化中心。隆回司撤销后,这里仍是当时分为八都的隆回地区经济最为繁华的地方。

生活在这种地区的大户人家的孩子,生活条件优越,同龄玩伴多,与外界接触也多,因而通常比较活泼开朗,爱说爱笑,爱嬉闹,爱玩耍,就像今天的影视片中那些大户人家的小姐少爷一样。让人感到奇怪的是,少年魏源不为自家的热闹和外界的喧哗所动,经常长时间独自静坐,很少说话、很少笑。最好的朋友来了,他也只是简短地说几句,然后就静默不语,时间稍长,连家里的狗也不认识他这位小主人。当他偶尔下楼晒晒太阳或赏赏月时,家里的狗以为来了陌生人,群奔而来,围着他吼,追着他叫。

少年魏源的奇特表现,难免引起魏氏族人的担忧和议论。他的祖父"万石君"也因此对他特别关注。通过长期的观察和分析后,善于识人的"万石君"发现他的这个孙子并没有身体或精神上的缺陷,因而特别叮嘱他的儿子媳妇们:"远达这孩子相貌和性情都很不平常,你们不要把他当作一般的孩子来养育。"

魏源7岁始入家塾读书。

管理家塾的是他的二伯父魏辅邦(号坦斋)。魏辅邦曾在长沙岳麓书院读书,由于好古文、极嗜学而深得山长(即书院负责人)罗典的器重。魏源不但跟随二伯父读书,而且长期寄居在他家。后来,魏源多次跟好友劳崇光提及这段叔侄兼师生的情分。当金潭魏氏修族谱时,时任两广总督的劳崇光不忘与魏源的交情,亲自为魏辅邦作传。

魏辅邦为子侄延聘的教师中,使魏源受到良好教育的恩师有欧阳炯明、刘之纲、刘若二等。他们或是饱学先生,或是善于作文的老学究,或是善诗词、能书画的老秀才。

刚读书时,魏源很笨。读了几个月书后,祖父用扁担在地下画了一横,问他是个什么字,魏源说不认识。告诉他是个"一"字后,他说,老师写的"一"字没有这么大。有一次,老师欧阳炯明被魏源的愚笨气坏了,顺手拿起书桌上的压条向他扔去。没有想到,一下就打中魏源的脑门,使他当场就昏了过去。魏源对曾经把自己打昏了的欧阳先生一直十分尊敬,曾给他送过一副酬谢联:"桃李春风思绛帐;藻芹化雨感熏陶。"欧阳先生去世后,魏源见老师家境贫困,就为老师家购买良田二亩四分,嘱咐其家人将田租作为春秋二祭和清明挂扫的费用。这二亩四分良田,后来一直由欧阳老师的后人经管,直到新中国成立后为止。

在几位启蒙老师和二伯父的教导下,魏源进步很快,读书可谓一目十行、过目不忘。因此,在他9岁那年,家人就决定送他前往邵阳县城参加童子试。

当时的邵阳县是一个很大的县,辖区面积相当于今湖南省的八九个县级行政区。这意味着当时这个县的童子试,是一场涉及范围很广、人口基数很大的重要考试。

童子试为一种入学资格考试,总共要考5场,每场考一天。五场考试中,前三场是考八股文、试帖诗和诗赋,还要从总字数上万字的《圣谕广训》中默写一段百余字的文字,后两场考对四书五经的解释,难度很大。因此,尽管童子试没有年龄限制,但大多数考生的年龄还是与今天的高中生相当。例如，魏源的同乡蔡锷（1882—1916）11岁参加童子试时，考官见他年龄太小，就出了这样一个对子考他："邵阳考生八十名，惟汝最小！"蔡锷机智地回答说："孔门弟子三千众，数回领先。"

魏源的老师对只有9岁的魏源要去参加县试很不放心，就事先对他预考了一下。其中一项是对对子，老师出题："闲看门中月。"繁写体的"闲"字中间是一个月字，"门中月"就是把"闲"字拆开。魏源四处看了一下，看到讲堂的墙上挂着一幅《春耕图》，当即对出下联"思耕心上田"。"心上田"组合起来，就是一个"思"字。

县试的时间到了，当9岁的魏源出现在一群大哥乃至大叔当中时，立即引起了人们的注意。负责主考的邵阳县令派人把魏源招来，得知他来自"邵邑醇良"之家后，更为喜爱，便决定亲自考他一下。

县令低头思考，看到摆在自己面前的茶杯上画着太极图，便出句说："杯中含太极。"

魏源鞠躬感谢县令赐题，一弯腰，碰到了揣在怀中的两张大饼，这是临来之前母亲给他带的干粮。魏源灵机一动，从容对答说："腹内孕乾坤。"

"腹内孕乾坤"，也就是胸怀天下！尽管中国古代士子普遍具有强烈的家国天下的情怀，但这样的话从一个9岁的孩子口中即兴说出,还是把县令及周边听到的人吓了一跳。县令一愣,又继续追问道:"何谓乾坤?"

魏源回答说:"民以食为天,食物产于地,我怀中有两张饼,它们就是天地,天地就是乾坤,我吃了它,就要考虑天地间的大事了!"

众人听后大为惊异,一致认为这个小家伙是个奇才。

这样,9岁的魏源虽然没有通过这次童子试,但其神童的名声则在邵阳传播开来。

魏源一生,留下了不少精彩的对联,在今天的隆回魏源故居,就保留了这样一些对联:

功名待寄凌烟阁;
忧乐常存报国心。

这是魏源题写于自己书房里的一副自勉联。

凌烟阁是唐朝为表彰功臣而建筑的绘有功臣图像的高阁,这些功臣,特别是最早进入凌烟阁的24位功臣,绝大多数是著名军事将领。因此,唐代诗人李贺写道:"男儿何不带吴钩,收取关山五十州。请君暂上凌烟阁,若个书生万户侯?"现代诗人郁达夫也感慨地写道:"儒生无分上凌烟,出水清姿颇自怜。"宋代以来,中国读书人普遍重文轻武,魏源"功名待寄凌烟阁"的志向,颇有一些另类。

魏源并没有习武从军，但他对军事历史和军事问题有很多研究，表明他为实现"功名待寄凌烟阁"的志向，付出了很大的努力。因此，此联反映了魏源对中国命运的担忧，希望自己能对已经进入乱世的中国重新安定下来有所贡献。正是有了这样的思想基础和知识准备，魏源才能在鸦片战争时期最先提出了一系列"制夷"方略，而那些专注于科举考试的儒生，面对不知从哪里来的强敌，只能是茫然不知所措。

学贵运时策；
友交立德人。

读万卷书贵能用；
树千秋德莫如滋。

这是魏源分别题写于隆回故居书房和居室的对联，表明魏源刻苦读书的目的，不是为了参加科举考试，也不是单纯地做学问，而是为了加强自身修养和解决现实问题，是为了研究经世致用之学。

经世致用是明清之际思想家王夫之、黄宗羲、顾炎武等人提出来的一种治学宗旨。通过他们与其他众多学者的努力，中国在明末清初时期形成了一股经世思潮，旨在经世致用的"实学"也取得了很多的成果，产生了李时珍的《本草纲目》，宋应星的《天工开物》，徐光启的《几何原本》《农政全书》《泰西水法》和《考工记解》，还有后来为魏源所效仿的《皇明经世文编》。后来，由于清政府在思想上实行高压政策，大搞"文字狱"，沉重打击了知识分子参政、议政的勇气和探索大自然与经济发展规律的热情，导致学者们只好走上闭门治学之路，不是为了应付科举考试，就是整日与考据为伴，不再关心也不敢议论政事。农工商等实学，也被视为奇技淫巧而受到轻视，经世思潮由此而消逝。

　　清嘉庆、道光年间，也就是19世纪上半叶，由于中国再次进入衰世、乱世，一批政治家、思想家和进步学者再一次提倡经世致用，魏源是其中的主要代表人物之一。他不但自己身体力行地研究经世之学，还鼓励族人和朋友这样做。他给堂兄魏显达写了"能致用便为实学；识时务不是愚人"的联语，为族侄魏质朴写了"读书将以致用；修德在乎能滋"的联语。

　　　　读古人书求修身道；
　　　　友天下士谋救时方。

　　这是魏源题写于隆回故居厅柱上的对联。
　　此联最值得注意的是魏源并不满足于独自一人在书本上寻找治国方略，而是希望通过"友天下士"来探索"救时方"。

"友天下士谋救时方"是一种开放的态度,这不仅使魏源能交更多的朋友,还使他能够不带偏见地对待各种学问。对此,魏源曾经说过:"兼黄、老、申、韩之所长而去其所短,斯治国之庖丁乎!"这表明他在治学过程中,并不只是片面地重视儒家,而是希望博采众家之长。正是这种态度,使他后来能以博大的胸怀去容纳、消化西方文化。

2. 反对独尊孔,追求新知识

1808年,14岁的魏源在一年之内便顺利通过了县、府、院三级考试,并获得了县试第一、府试第一、院试名列前茅的优异成绩,从而成为人们常说的秀才,进入县学,即邵阳爱莲书院学习。

邵阳爱莲书院的院名来自北宋著名理学家周敦颐的传世名篇《爱莲说》,周敦颐曾任邵州代理知州3年(或说不到1年)。治邵期间,他在资江边修筑莲池,与资江连通,既可纾解洪水之患,又可植莲赏莲,并由此而写下了传诵至今的《爱莲说》,文中"出淤泥而不染"一语,影响了一代又一代中国人。

由于居家期间"贫无书",可以交往的读书人也很少,邵阳爱莲书院及邵阳县城兼宝庆府城(今邵阳市区)

的学术条件与文化氛围让魏源大开眼界。

魏源好奇地在学校走来走去，默默地观察各种处所。一天，他突然发现，学校祭祀的先圣，竟然只有孔子一人！

这是为什么呢？

这样对不对呢？

通过深入思考和系统考证后，魏源写了《学校应增祀先圣周公议》一文。

该文认为，根据《礼记》"凡入学者，必释奠于先圣先师"，其中的"先圣"是指周公，"先师"是指孔子。从历史上看，"易诗书礼，皆原本于周公。而述定于孔子。……故夫子自言述而不作"。魏源认为："作者之谓圣。述者之谓明。""作者"的地位应高于"述者"，孔子本人，也是一生都在"梦周公而师文王"。最为重要的是，"国家崇德报功。凡历代有功德于民者，皆列祀典，况以三代大圣。在孔子之前，创万世礼乐之制，朝野无不遵行。而学校祭祀俎豆不及，岂非一大缺典，为人心所不安乎"。因此，他请求"朝廷复周汉之制。即以天下学宫之启圣殿为先圣殿。中供先圣周文公之神位"。他认为，只有这样做，才能"崇德报功，尽美尽善。从此礼乐教化之源，与日月昭而天地悠也"。

周公是周朝主要的开国者之一，还是西周初期的实际主政人。魏源提出的"学校应增祀先圣周公"建议，证明他此时已经有了崇尚经世致用之学的思想。更为重要的是，虽然周公也是儒家特别崇拜的人物，但并非像孔子那样完全代表儒家，道家、法家、墨家等诸子百家，其思想起源都可以追溯到周公那里，而且他们通常也尊崇周公。这样，尊祀周公，并把他摆在比孔子更高的地位，事实上也就打破了中国教育两千多年来独尊儒家的局面。

魏源虽然反对独尊孔子一人，但对孔子及儒家学说并没有不敬。对于四书五经之类著作，魏源也学得非常认真。他在1810年就写了《孔子年表》《孟子年表》和《孟子年表考》等著作。后来，他还写了研究《诗经》和《尚书》的重要著作《诗古微》和《书古微》，著有《庸易通义》《说文拟雅》《两汉经师今古文家法考》《论语孟子类篇》《孟子小说》《小学古经》《大学古本》《孝经集传》《曾子章句》等研究经学的著作。

除了孔孟之道外，魏源在县学读书期间，还开始研读王守仁之学。

王守仁（1472—1529），别号阳明。他是明朝著名的军事家、思想家、政治家、文学家，他的学说也被称之为阳明学。王守仁的核心思想是"万事万物之理不外于吾心"，因此，他的学说又叫"阳明心学"。但是，他的心学并不是停留在思想上的心学，而是要通过办实事、见实效、建实功体现出来并加以检验的学说，也就是提倡"知行合一"的学说。这种特点，让他的思想与传统儒学有很大的区别。梁启超（1873—1929）曾说："阳明是一位豪杰之士，他的学术像打药针一般，令人兴奋，所以能做五百年道学结束，吐很大光芒。"梁启超接触到的新思想、新知识远远多于他十分尊重的老前辈魏源，他对阳明学都有这种感觉，1808年刚刚从乡下走出来的少年魏源遇到这种学说，其兴奋之情可想而知。

在县学读书期间，魏源还爱上了史书。

魏源为后人留下了卷帙浩繁的史学论著，最有代表性的就是撰写了《圣武记》和《元史新编》。《圣武记》是一部开创性的著作，所记载的历史在当时具有当代史的性质。《元史新编》是鉴于二十四史中的《元史》"疏舛四出，在诸史中最为荒芜"而著，编著时除了参考原来的《元史》外，还"采四库书中元代各家著述百余种，并旁搜《元秘史》《元典章》《元文类》各书"，对元代史实有了很多新的发现与补充。例如，《元史》中没有西域传，魏源根据耶律楚材所著《西游录》《刘祁北使记》《刘郁西使记》《长春真人西游记》等书，补叙了一些西域的情况。魏源因此而被誉为清代全面改造和重修元史的第一人，还有翰林院编修袁励准和国史馆总裁、大学士臣孙家鼐等人先后正式上奏，呈请朝廷将《元史新编》列入正史。这一呈文虽然没有获得批准，但也可以从中看到《元史新编》的影响。

在县学读书期间，魏源还有机会开始学习和研究地理。

清康熙、乾隆年间，中国绘制了《皇舆全览图》等几个重要地图。清乾隆、道光年间，中国又先后三次组织全国性总志《大清一统志》的修纂，再加上明末以来传教士传入当时较为先进的世界地图及地图学知识，清代前期和中期，中国的地理学有了比较大的发展。

在这种大背景下，当时的宝庆府（今邵阳市）也出现了一批地理学的研究者，其中最为著名的出自新化县罗洪乡的邹文苏家庭。邹文苏之妻吴珊瑚是当地舆地学家吴兰柴的女儿，因协助其父吴兰柴编校舆地书籍而通晓古今舆地。在她的亲自教导下，她与邹文

隆回邹汉勋故居

苏所生的6个儿子汉纪、汉璜、汉勋、汉嘉、汉章、汉池，皆致力舆地研究，号称"邹家七子"。其中，第三子邹汉勋（1805—1854）后来成为中国近代舆地学奠基人。他的后人，则创办了中国国家地图出版社前身之一的中国第一家民办地图出版社——亚新地学社。民国时期，中国所出的中外地图，大半出于邹家之手。

邹氏家族的家乡罗洪乡当时属于新化县，与邵阳县同属宝庆府，今天则与魏源的家乡同属隆回县，邹氏故居与魏源故居只相隔二三十里。邹汉勋与魏源都是当地著名的才子，乡谚有言："记不全，问魏源；记不清，问汉勋。"邹汉勋与魏源关系密切，曾与魏源共撰《尧典释天》，又为魏源的《书古微》一书绘"唐虞天象""璇玑内外""玉衡三建"诸图。这些迹象表明，魏源在县学开始学习地理，完全是有可能的。

对于科举考试来说，阳明学、史学、地理学都是一些无用之学。魏源的二伯父发现魏源对这些学术很感兴趣后，十分担心，要求他"禁杂泛"。魏源没有接受多年来事实上为他监护人的二伯父的这一禁令，而是带着深刻的忧患意识，身怀与师友们共同探索正确的治国之道的远大抱负，在风景优美的邵阳爱莲书院博览群书，刻苦学习了3年。

1810年，魏源增补为廪膳生。

廪膳生是由官府月给廪米六斗、年发廪饩银四两的生员，简称廪生。当时的秀才，分为廪膳生、增广生、附生三类。廪生为最优秀的第一类，要想成为廪生，不但要岁考、科考成绩优异，而且必须有名额空缺。廪生的名额很少，按制为府学 40 人，州学 30 人，县学 20 人，每三年为一届。并不擅长考试的魏源能成为廪生，是一件很不容易的事情。

廪生不但是一种待遇，同时还是一种资格。取得这种资格三年后，可以参加省里的岁贡考试。考试成绩优异，或资格特别者，可以作为贡生由省府送到京师的国子监去读书。

补为廪生后，魏源认为自己到了赚钱养家的年龄，同时也认为在县学读书还不如回家自修，因而回到家乡，一方面准备其后的考试，另一方面则开馆收徒。1810 年至 1813 年间，魏源共在家乡教了 4 个年头的书。

昔日的神童在县学深造三年后回乡教书，惊动了众多亲友乡邻。他们奔走相告，纷纷把自己的弟子送来读书，史称"学徒接踵"。魏源故居的读书楼有三间教室，让人联想起当年魏源在此办学的盛况。因为今天很多只有一个老师的乡村学校，还只有一间教室。

亲友乡邻们的信任，学生们的喜爱，感动了当时把主要精力放在准备下一轮考试上的魏源，他不但用心教学，还对相当于今天小学教育的私塾教育进行了深刻思考，并大胆地进行了一些改革的尝试。在此基础上,他通过进一步的探索,后来编撰了一本识字教材——《蒙雅》。

中国传统的蒙学读物,种类很多,其中最为流行的是《三字经》《百家姓》《千字文》,合称"三百千"。这些读物,短小精悍,简明易懂,朗朗上口,易背易记,被历代中国人奉为经典并不断流传,其独特的文化魅力仍然为今天的人们所公认。

清代刻本《蒙雅》

然而,如果完全通过这些读物来进行少儿教育,则有非常严重的缺陷。

其一,知识面极窄。例如,"三百千"都没有谈到生产工具之类的器物。

其二,知识量极小。例如,《三字经》谈动物、食物时,就是这么几句话:"有虫鱼,有鸟兽。此动物,能飞走。稻粱菽,麦黍稷。此六谷,人所食。马牛羊,鸡犬豕。此六畜,人所饲。"

其三,过于偏重教化。用梁启超的话说,这些传统的蒙学读物,"导以忠信笃敬,大抵熏陶其德性之事,十居八九焉"。

魏源也许是第一个试图对"三百千"等传统蒙学读物进行全面大改造的人。

在知识面方面,《蒙雅》按天、地、人、物、事5大门类编排。每大门类分为两个部分,第一部分主要是介绍各类事物的名称,第二部分大体上是介绍各大事物的特征。如有关人的门类第一部分称"人篇",介绍人分"父母子孙""兄弟朋友""兵农卒伍"等,第二部分称"诂人",介绍的是"声色颜貌,状态形仪"等描绘人的特征的字词。每大门类除了分为两个部分外,有的还分为多个种类。例如,物篇分为动物、植物、食物、服物、居处之物、器物、珍宝等7大种类。事篇分为七情、五性、五事、四民六官之事等4大种类。全书因此而共分为24个种类。这样,《蒙雅》的知识面,就大大超过了《三字经》等传统蒙学读物。

在知识量方面,《蒙雅》所含的知识量,特别是自然方面的知识量,是《三字经》等传统蒙学读物根本不能与之相比的。例如,对动物、植物的描述,《三字经》只有寥寥数语,而在《蒙雅》中,动植物合计250句,1000字,字数相当于整个《三字经》或整个《千字文》。再如,《三字经》和《千字文》根本就没有提到什么器物,而《蒙雅》的第一部分谈器物的有98句,共392个字,第二部分有18句,共72个字。

在编排方法方面，《蒙雅》已经开始具有现代识字课本的性质。

其一，分门别类，比较科学。内容大体上按天文、地理、人文、动物、植物、食物、器物、服装、建筑等划分。今人编写儿童识字读物，也基本上按这样的方法来分类。

其二，《蒙雅》大体上采用了维新思想家梁启超所说的"西人之教学童也，先实字，次虚字，再次活字"的方法。其第一部分用的是"实字"，也就是指具体事物的名词，如"春秋冬夏""江河湖海""潇湘沅澧""手足眼耳"，等等。第二部分类似于"虚字""活字"，即比较抽象，可以广泛用于各种情形下的字词，如"上下前后""左右大小""圣贤俊杰""事业政谊""狂狷彦侠"，等等。

上述区别不是一个简单的知识面、知识量与教学方法的问题，根源还有一个教育指导思想的问题。《三字经》等传统蒙学读物，其指导思想是教导少年儿童做一个符合道德标准的人，所以，知识教育等方面的内容自然就非常非常少了。魏源希望教育培养能够治国安邦、富民强国的实用人才，所编写的识字课本的知识面和知识量自然也就大得多。

《蒙雅》四字一韵的形式继承了传统蒙学读物朗朗上口的优点，其内容有重大更新和充实，所采用的编排方法,更具有一定的革命性。因此,该书在中国蒙学教育史上具有重大改革的意义,对后世深有影响。

维新思想家梁启超在《变法通议·论幼学》中说:"西人之教学童也,先实字,次虚字,再次活字。今亦宜用其意。魏默深有《蒙雅》一书,分天篇、地篇、人篇、物篇、事篇,诂天、诂地、诂人、诂物、诂事凡十门,四字韵语,各自为类,与《急就章》略同,颇便上口。"因此,梁启超认为,新式儿童的识字教育应当"以《文字蒙求》教童子,一月间有用之字可尽识,复授魏源《蒙雅》以引申之"。梁启超的《变法通议》发表于1896年至1899年间,他的评说与建议表明,即使到了戊戌维新时期,魏源的《蒙雅》仍是先进识字读物的代表作。

随着现代教育的发展,魏源的《蒙雅》失去了对少年儿童进行识字教育的意义,但在阅读古籍方面仍不失为一种有用的入门书。因此,到了现代与当代,《蒙雅》继续受到重视。

维新思想家——梁启超

1916年，上海仓圣明智大学在其《广仓学窘丛书》甲类（学术类）第一集中收录了《蒙雅》。仓圣是指中国传说中创造汉字的圣人仓颉，仓圣明智大学由在上海生活的著名犹太富商哈同创办，康有为、陈三立、王国维、罗振玉等鼎鼎大名的学者都曾在这里教书、编撰和从事研究工作。

1932年，成都志古堂又出版了《蒙雅》的石印本及学术丛编本。成都志古堂是晚清与民国时期一家赫赫有名的出版社，所印售的古籍，均由专家负责校勘，号称精审，得到许多学者文士的交口赞誉。

通过《蒙雅》，人们不难发现，魏源探索富民强国之道，也是从娃娃抓起。而且，他的蒙学不是板起脸来教训孩子，而是用一颗与儿童相通的赤子之心来与学生交流，用平易的语言告诉孩子们各种各样的道理与知识。

进而言之，魏源的赤子之心与开明态度，也是他开眼看世界与全面探索"一带一路"的重要思想基础。因为那些满足于"熟读三字经、可知千古事"的人，是不会认真地开眼看世界的。

3. 岳麓书生，湖南拔贡

1813年，这是湖南选拔优秀廪生前往北京国子监学习的年份，也是魏源最为期盼的一年。

为了进一步做好参加拔贡考试的准备，魏源从家乡来到省城长沙，进入岳麓书院读书。

岳麓书院创办于976年，现发展为湖南大学，是中国著名的千年学府。清代前期，岳麓书院先后获得康熙帝御书的"学达性天"匾额和乾隆帝御书的"道南正脉"匾额，大批有名望的学者被聘任山长，书院蓬勃发展。

魏源入读岳麓书院期间，岳麓书院的山长为被誉为"楚南第一流人物"的袁名曜。

袁名曜（1764—1835），字焘岚，又字道南，号岘冈，湖南宁乡（祖籍湖南新化）人。嘉庆辛酉（1801）进士，

中国古代四大书院之一——长沙岳麓书院

历任翰林院编修、国史馆纂修、功臣馆纂修，还是皇帝的日讲官与侍读。因母亲去世回家守制，于1812年出任岳麓书院山长，共主持书院5年。他对书院发展贡献很大，为今湖南大学与岳麓书院留下了不少墨迹。其中最为著名的，就是袁名曜与学生张中阶共同创作的写在书院大门前的那副对联："惟楚有材；于斯为盛。"

袁名曜注重经世致用之学，尤留心边防厄塞，河渠水利，山川险易，古今沿革。陕西布政使严如煜曾送儿子严正基不远数千里投入其门下就读，并对他说："袁公楚南第一流人物，朝夕亲近，求其经世之学，毋徒以制艺请益。"袁名曜最著名的学生除了魏源外，还有官至云贵总督的罗饶典（1793—1854）。

生平第一次来到岳麓书院这样的学术圣殿读书，生平第一次亲耳听到袁名曜这样的大学者的教诲，生平第一次与二三百位来自湖南全省各地的青年才俊成为同窗，魏源十分兴奋。在认真学习的同时，他登游岳麓山，漫步湘江畔，留下了《晚步寻爱晚亭至岳麓寺》《夜登岳麓介景台》《宿岳麓寺》及《答友人书院读书之约》等诗歌，开始表现出他借山言情、借山言理的独特风格和清超淡远的诗风。

《答友人书院读书之邀》一诗这样写道：

为子身兼妇，从师亦废亲。
池莲应入梦，门柳正扶春。
忧患攒千古，天人定此身。
遗经须共正，交道岂无神。

这首诗的前两句，诉说了来到省城读书后对母亲与亲友的怀念。第三、四句为叙旧，也就是回想起昔日与友人在邵阳爱莲书院读书的情景。"忧患攒千古"，是向友人表白，他深知自己所身负的历史重托。"天人定此身"，则是说，他究竟能担负起多大的责任，除了靠自己的努力外，还要看天时、机遇、命运和条件。"遗经须共正，交道岂无神"是与友人共勉，希望能与友人"共正"经书，巩固和加深建立在志同道合、心领神会基础上的友谊。

"天人定此身"，魏源这一次的命运将由谁来定呢？

魏源的才华和学问是非同一般的。然而，能否在科场上取得成功，则要看运气，也就是要看遇到什么样的考官。对魏源这种笔下容易走火犯忌的奇才来说，这种运气特别重要。

魏源能考上秀才，与他幸运地遇到了李宗瀚这位主考官有较大的关系。

李宗瀚（1769—1831），号春湖，江西临川人，乾隆五十八年（1793）进士，历任翰林院编修、国史馆协修、实录馆纂修、侍读学士等职，嘉庆十二年（1807）至十五年（1810）在湖南任学政，后官至工部侍郎。李宗瀚在主持1808年的湖南院试时，对魏源的才华特别欣赏，从而使魏源一举考上了秀才。后来，魏源填写履历时，把李宗瀚列为自己的第一位业师。魏源到北京后，也曾经在时任工部侍郎的李宗瀚家任家庭教师。因此，魏源儿子魏耆所著的《邵阳魏府君事略》说："李春湖侍郎宗瀚提学湖南时，府君受知最深。"魏源好友邓显鹤（1777—1851）也曾在一首诗的题记中说："默深为春湖视学楚中时所得士也。"

拔贡的考试，比考秀才的院试竞争还要激烈得多，并不擅长考试的魏源能否获胜，更加取决于遇到什么样的主考官。

这一次，魏源遇到的主考官是湖南学政汤金钊。

汤金钊（1772—1856）字敦甫，一字勖兹，浙江萧山人。乾隆五十九年（1794）解元（乡试第一），嘉庆四年（1799）进士。嘉庆十六年（1811）至嘉庆十八年任湖南学政，后来分别担任过礼、吏、工、户四部尚书，还是协办大学士。加封有太子太保衔，因而人称汤相国。

魏源在岳麓书院读书时，汤金钊曾到书院视察，对书院的办学方针和教学方法十分满意，对才情独特的魏源尤为喜爱。一天，汤金钊捧着一部《大学》古本，对魏源说:"这部前人留下的著作太繁杂了,有许多人都曾经试着整理过,可惜没有令人满意的注释。如今,只好请你来完成了。"

魏源进京后不久,汤金钊也进京出任国子监祭酒(管理监事大臣)。他等着魏源前去拜访他,结果等了50多天还未见魏源人影。他多少有些生气,但又更担心魏源,以为他是得了什么大病不能出门。于是,就亲自前去寻找魏源。

当汤金钊来到魏源住处时,魏源慌慌张张地前来迎接。此时的魏源,蓬头垢面,衣衫不整,把汤金钊吓了一大跳。他走进房间一看,发现魏源的书桌上摆着一大摞注释《大学古本》的底稿,屋内堆放着各种参考资料,才知魏源是为了完成他交给的注书任务,忘记了世界上一切其他事情。

他审阅了一些魏源写的书稿,对其整理和注释的质量非常满意,便心疼地说:"我的孩子,你做学问如此勤奋,真的是非常罕见。能够深入研究到这个程度,真的是极其难得。然而,你为什么不自己珍爱一下自己的身体呢?"

由于再次遇到一位爱才、重才并善于识别人才的主考官,魏源在1813年成功地通过了岁贡考试,成为这一届录取的89名湖南拔贡之一。

二、"友天下士谋救时方"

读古人书求修身道；
友天下士谋救时方。

魏源这里说的"天下",实际上还是中国。而在中国有识之士最集中的地方,无疑就是北京。能够被选为拔贡前来北京读书,为魏源实现"友天下士谋救时方"的理想提供了机会。

然而,魏源只是一介寒士,他又怎么"友天下士"呢?他们又是怎么"谋救时方"的呢?

1. 龚自珍"不啻手足"的挚友

1813年，也就是魏源被选为湖南拔贡的那一年，北京发生了一起极其严重的事件。

那年的农历九月十五日晚上，月光明朗，北京城一切如常。

突然，紫禁城东华门外的街市上，出现了一群白巾裹头、白布系腰的人。他们急匆匆地向东华门走去，为了使行人让路，他们还亮出了兵器。东华门的守门官兵一看情势不好，急忙关闭大门。大门尚未关好，那伙人中已经有十来人冲上前来，冲进了东华门，其他人则被挡在了门外。

与此同时，一支同样的队伍来到了西华门。他们趁守门护军不备，手持刀枪、弓箭对守军一顿乱砍乱射，全部冲进了皇宫。后来，他们闯到了隆宗门外，隆宗门上至今还留着他们当年射出的箭镞。

这些攻打皇宫的人是天理教教徒，参与攻打总人数约为200人，攻入皇宫的有100多人。

这不是一个孤立的事件，而是天理教起义的一个组成部分。在攻打皇宫之前，河南的天理教教徒已经于农历九月七日攻克滑县城，继而占领道口，围攻浚县，并打出了"大明天顺李真主"的旗帜。这里说的"李真主"为李文成，率众攻打皇宫的人叫林清，因此，这场起义又叫"李文成起义"或"李文成林清起义"。

清政府调集直隶、河南、山东三省与东北地区的军队前往镇压，最终于嘉庆十八年（1813）十二月十二日攻克滑县城，将这场历时90多天，波及河南、河北、山东，并一度攻入皇宫的起义镇压下去。

1813年距1804年川、陕、楚白莲教大起义被镇压还不到10年，中国为什么会频频发生这样的起义呢？

天理教教徒为什么敢用200多人在有10万大军重兵保卫的京城攻打皇宫，而且竟然打进去了呢？

皇帝的宫门尚且如此不堪一击，何况中国人的国门、城门、家门呢？

如此等等，让中国的有识之士深感不安。

在并不多见的反思中，一位年轻人于1814年写出了一篇题为《明良论》的文章。

这位年轻人认为，当前的乱世是由官员们的不知耻造成的。官场上的那些人，"官益久则气愈媮，望愈崇则谄愈固，地益近则媚亦益工"。出现这种现象，都是因为皇帝视臣下如犬马、奴才，让大臣们不得不以言词取媚君上，以苟且偷安、保守退缩为老成稳重，而且一旦有紧急情况发生，他们就会像斑鸠、燕子一样纷纷地飞走，而不会心甘情愿地同朝廷共患难。

这位年轻人，就是龚自珍（1792—1841）。

龚自珍的祖父和父亲都是进士，当过内阁中书、

清代思想家、诗人、文学家及改良主义的
先驱者——龚自珍雕像

知府、道员、署按察使，还有一个官至礼部尚书的叔父。他的外祖父，是著名训诂学家段玉裁。龚自珍生活在这样的官宦世家，对朝政与官场的情况自然比较熟悉，因而在1814年22岁时就写出了今天仍为人们经常引用的《明良篇》。

此时的魏源，对时政的了解不如龚自珍多，但他在前往北京的路上，亲眼看到了清军在河南各地镇压天理教起义后留下的场景。

1814年春，魏源与父亲离开家乡，前往北京，同行的有好友邓显鹤（湘皋）等人。邓显鹤（1777—1851），是被誉为"楚南文献第一人"和"湘学复兴之导师"的著名学者。

这是魏源首次离开省门,也是他首次领略北国风光。

当他们来到中原地区时,魏源根据他了解的地理知识,认为自己会看到一幅这样的美景:"中野种荞麦,春风吹麦新。二月麦花香,三月花如银。"没有想到,他看到的、记于他《北上杂诗七首同邓湘皋孝廉》中的却是这样一幅悲惨的情景:

> 浊河决千里,一淤辄寻尺。
> 屈指三千年,几决几淤积。
>
> 黄沙万殍骨,白月千战垒。
> 至今禾麦地,极目森蒿藜。

更让魏源深感不安的是,当他询问当地人战乱的起因时,人们脸色为之一变,哽咽着连叹气也不敢。对此,他记载道:

> 借问酿寇由,色哽不敢唏。

魏源还了解到,"去岁大兵后,大祲今苦饥"。严重的饥荒,让老百姓只好靠吃野菜和麦花过日子。这些东西有毒,这样又死了不少人。

面对这种惨状,魏源愤怒地责问:"孰称中执法?孰峙钧陈墀?孰扈羽林跸?孰专喉舌司?"大意为:究竟是哪些人在那里执法?究竟是哪些人在那里当政?究竟是哪些人在那里带兵?究竟是哪些人在那里负责建言?他还仰天长叹:"我欲叫阊阖,阊阖苍茫垂。"

最后,魏源发出了一声巨响:"何不借风雷,一壮天地颜!"

这让我们想到龚自珍留给后人最著名的诗句,也是"九州生气恃风雷",表达出他呼唤风雷般的变革,打破清王朝束缚人才的局面,变革社会、振兴国家的

清代文学家——邓显鹤

愿望。

怀抱着满腔悲痛、忧愤，魏源来到了北京。

魏源到达北京后，前期是自己赁屋独居，后来才去时任工部侍郎的李宗瀚家当家庭教师。为了维持生计，魏源一边读书，一边开馆授徒。

1816年，魏源本应参加当年的乡试，但没有参加，并于该年年底离京，返回湖南。

1819年，魏源再次北上，进京参加顺天乡试，结果没有考上举人，只考了一个副贡。副贡仍是贡生，只是因为参加了"国考"，而且入了副榜，比那些只参加过"省考"的贡生，名声、地位要高一点。

1819年参加完乡试后，魏源到经学大师刘逢禄门下读书，由此而与同门龚自珍结识，进而成为亲如兄弟的挚友，感情不外露的魏源在一封致龚自珍的信中也说他们的关系"不啻手足"。

在其后的20余年中，魏源与龚自珍除了常有书信往来、诗词唱和、聚会欢谈、结伴出游外，还不时住在一起。例如，魏源的重要著作《诗比兴笺》的初稿，就是1829年在北京上斜街的龚自珍住所写完的。龚自珍的儿子龚橙对此回忆说："道光己丑，大人官京师，寓上斜街，魏先生馆藏花厅左之宦，长夏笺诗一编，日仄不息。"魏源在扬州絜园居住时，龚自珍在往来京城的途中，也常到絜园留宿。两家的孩子在日常生活中"多用伯叔兄弟称,而不用姓"。魏源的孩子叫龚自珍为大伯,龚自珍的孩子则叫魏源为二叔。

龚魏关系密切,相互交流、相互切磋、共同探索的东西很多,后人把他们的研究成果统称为"龚魏之学"。如梁启超说,他在跟随康有为治今文经学时,"喜谈龚魏之学"。他还指出:"自珍、源皆好作经济谈,而最注意边事。"

"龚魏之学"本于"庄刘之学",即刘逢禄与其外公庄存与创立的清代今文经学。"庄刘之学"认为,在历史上,"中国亦新夷狄也"。因此,要追求理想的大一统社会,就不能有什么"夷夏之辨",而应"中外一家"。

在这种思想的基础上,龚魏认为应该弄清"天地东南西北"的地理与历史,并在此基础上树立正确的治理方略。他们的研究,包括内地、边疆及周边国家在内,由于内地的情况人们比较熟悉,"龚魏之学"通常被认为是西北史地学和边徼舆地学。

龚自珍曾任国史馆校对,具有完整的陆地边疆知识。例如,他在《上国史馆总裁提调总纂书》中,把清朝的陆地边疆分为北塞和西塞,范围除了包括今日中国的全部陆地边疆外,还包括今蒙古国及与今新疆、黑龙江、西藏相邻的众多国家。

龚自珍对"海国"也有所认识,他在《西域置行省议》篇首说:"四海之国无算数……(中国)居地之东,东南临海，西北不临海，书契所能言，无有言西北海状者。今西极徼，至爱乌罕（今阿富汗）而止；北极徼，至乌梁海总管治（今分属中国新疆与蒙古国、俄国）而止。……版图尽处即是海比。"这种对"四海之国"的地理认识，蕴含了新的世界观。

魏源非常重视龚自珍对西北史地的研究成果，并与龚自珍有不少相同的看法。他在《皇朝经世文编》的《兵政·塞防》一书中收录龚自珍的7篇文章。他的《答人问西北边域书》和龚自珍的《御试安边绥远疏》都包含反对"捐西守东之议"，主张建立西北陆地边疆和东南海疆互动的空间结构的思想。如果龚自珍不是在1841年9月英年早逝，他极有可能与魏源一道，在长期研究"天地东南西北"的基础上，利用鸦片战争时期从外国用外文翻译而来的资料，共同开眼看世界，共同全面探索"一带一路"。

除了舆地学外，龚魏在经学、诗词、改革、时政研究等其他很多方面都有共同探索，所以梁启超《论中国学术变迁之大势》中说："数新思想之萌蘖，其因缘不得不远溯龚魏。"

龚自珍对魏源的影响还有一个重要方面，那就是带动他广交朋友。

龚自珍是一个热衷于交友的人。他的儿子龚橙回忆说："曩在京师，非客不乐，厨人皆精选绝者，故龚家食品无不艳绝墨林。"

在这种交往中,与龚自珍经常往来的有魏源、宗稷辰、吴嵩梁、端木国瑚四人,他们与龚自珍被时人称作"薇园五名士"。并认为他们五人中,龚自珍以才著称,魏源以学著称,宗稷辰以文著称,吴嵩梁以诗著称,端木国瑚则以经术著称。

除了这种经常性的聚会外,龚自珍还组织一些较大规模的聚会,最有名的是两次花之寺聚会。

花之寺是北京西郊的一处庙所,以"海棠大十围者八九十本"著称。1830年春天,龚自珍邀请魏源等人赴花之寺看海棠。参加者中有著名诗人、翰林院编修、御史徐宝善,还有官至礼、刑二部侍郎,鸦片战争时期的禁烟派主要代表黄爵滋(1793—1853)。黄爵滋和林则徐、龚自珍、魏源等人志趣相

清代著名政治家、思想家、
文学家——黄爵滋

投，提倡经世之学，主张刷新吏治、扫除贪污、整顿军务、巩固边防，是鸦片战争时期改革派中一个有影响的人物。

1832年春天，魏源应龚自珍邀请，再次参加花之寺集会，到场的有包世臣等十四五人。包世臣（1775—1855），著名学者、书法家，对当时重大的社会问题和各个方面的实际情况相当熟悉，先后为陶澍、裕谦、杨芳等人的幕僚，被人誉为"全才"。鸦片战争时期，包世臣于战前即已留心海外、关注夷情，发出战争警报。战争爆发后，提出了"必宜通筹全局""以夷攻夷""草泽中固大有人在"等御敌之策。1838年林则徐赴粤禁烟时，曾在江西南昌向他问过禁烟之计；1841年林则徐由广东调浙江抵南昌时，又和他商讨御英之策。包世臣后来称魏源为"二弟"，两人的关系，显然是十分密切。

魏源小时候因长期不下读书楼而被家里的狗当成陌生人，初到北京时50多天不出门，1817年，他也作诗自述道："默好深思还自守。"这种性情，对做一些纯书本性质的学问有一些好处，但对研究经世致用之学，最多也只能纸上谈兵，开眼看世界和全面探索"一带一路"，更是不可能。从这个角度看，魏源有了龚自珍这样能让他打开视野的一位挚友，真的是一件极其幸运的事情。

更为重要的是，龚自珍、包世臣、黄爵滋等人都是19世纪前期对中国社会危机与外患认识最敏锐、最深刻并提出了不少重要对策的人,他们的探索,对魏源是有不少启迪的。还有,魏源前来北京主要目的是参加科举考试,而龚自珍、包世臣、黄爵滋等人,或对这种考试不那么热心,或已经放弃了这种考试,或已经完成了这种考试,因而

清学者、理论家——包世臣

比魏源更早地把关注的重点放在时局上,这对防止魏源沉溺于科举考试与古书中,也是很有影响的。

2. 状元诗人的"讲学最契之友"

魏源在1819年的顺天乡试中没有考上举人而只进入副榜时,他的好友湖北蕲水(今湖北浠水县)人陈沆(1785—1826)不但在这一届的会试中成了进士,而且在殿试中高中状元。

清代，正科状元三年才能在全国产生一个，再加上额外增加的恩科，整个清代仅有112个状元。这些状元大多数集中在今苏、浙、沪地区，在清代那里共产生了69个状元，所占比例超过了60%。其他各省都只有寥寥数人，其中湖北3个，湖南2个，陈沆就是湖北第三个、同时也是最后一个状元。在这种背景下，陈沆高中状元在全国很有反响，在湖北及整个两湖地区，更是名震一时。

中国多了一位状元，魏源是否就少了一位朋友呢？

湖北蕲水人陈沆又怎么能成为湖南邵阳人魏源的朋友呢？

湖南与湖北长期属于同一省级行政区，雍正二年

清代嘉庆状元　陈沆书法四条屏

（1724）湖南正式独立建省后，两湖仍同属驻武昌的湖广总督节制。因此，陈沆与魏源是湖广老乡。

在清代乃至民国时期，湖广老乡是一种重要的乡缘。当时的北京，有一个湖广会馆（今北京西城区骡马市大街东口南侧），不但接待两湖学子，同时还是两湖在京人士聚会的主要场所，两湖旅京人士每年正月都在这里举行团拜并约集名伶演剧三日。因此，今天的北京湖广会馆不但是北京市文物保护单位，同时还是北京戏曲博物馆。

陈沆除了是湖广老乡外，也可以说是长沙人。1795年，陈沆的父亲陈光诏以"大挑知县"（从举人中选拔的知县）的身份前来湖南任职，历署湘阴、醴陵、平江、绥宁、酃县（今炎陵）事，历任长沙、巴陵（今岳阳）、永兴、永定（今大庸）县知县，武冈州知州。陈沆10岁时就随父来湘生活，并且主要是住在长沙。

魏源于1814年春到达北京时，刚于上一年在顺天乡试中考上举人，继而留在北京参加国子监学正考试并准备参加1814年的会试。当时的中国人非常重视同乡关系，魏、陈两人自然有机会见面。

在一次见面时，魏源给陈沆送上了一本他在来京途中写的诗集《北道集》。

陈沆接过这本手书的诗集，看后大惊，当即回了一首诗《古风一首赠魏默深即题〈北道集〉后》。诗中称赞魏源"君今甫二十，出语如有神"，夸奖魏源的诗"直木无卑枝，清漪无杂鳞"，"把君《北道集》，怀抱生古春"。

嘉庆十九年（1814）农历九月底，湖南善化（今长沙县）人、理学大师、后来官至太常寺卿的唐鉴（1778—1861）在京设宴为即将回湘的陈沆送行。魏源参加了这次宴会，并和陈沆相互赠诗。一个多月后，陈沆启程回湘，魏源前来送行，两人又相互赠诗告别。魏诗名《在京送陈太初出都》，陈诗名《将出都始识魏默深长歌别之》。

1816年春，陈沆再度来京，从此之后，他与魏源成为"讲学最契之友"。

1816年冬，魏源决定回湖南。离京前，魏源将自己写的《曾子章句》等书稿交给陈沆保管，陈沆则采取了一种特殊的方式与好友告别。

1816年12月15日（农历十一月十七日），陈沆、魏源和一些友人前往一位朋友家中观赏一把古琴。这把琴的故主是明代弹劾严嵩的著名谏臣杨继盛（号椒山），谥号忠愍公。观赏完毕，大家要求陈沆和魏源留诗。陈沆先写，诗名为《杨忠愍琴》，并注明"十一月十七日与同人观于方彦闻斋中"。魏源和诗《椒山琴和陈太初修撰》，并注道："有得古琴者言是椒山物，同人索诗，太初（陈沆字）约予同作。"诗中写道：

运丁叔季谁牙钟，不如收视反听聪。
　　与君相知如蹶蚿，试叩铜山应洛钟。

　　这首短诗用了好几个典故来比喻魏源与陈沆之间的友谊。

　　"牙钟"，就是伯牙、钟子期，两人高山流水遇知音的故事千古流传。

　　"蹶蚿"是传说中两种相依为命的异兽。蹶善于寻找食物，但行走不便，稍微走快点就会绊脚，如果想跑的话就会跌倒。蚿善于奔跑，还能飞翔，但不会找食物。于是，这两种动物就生活在一起。蹶替蚿采鲜美的草，采了以后就给它。蹶有祸患的时候，蚿一定背着它逃走。古人因而以"蹶蚿"来比喻朋友之间的取长补短，相互帮助。

　　"铜山""洛钟"，出自"铜山西崩，洛钟东应"的故事。说的是在西边某处藏有铜矿的山体崩溃前，东面洛阳的钟在没人敲打的情况下连续轰鸣了三天三夜，魏源便以此来比喻朋友间的心心相印。

　　魏源回湘后，继续与陈沆互通书信，还给住长沙的陈沆之子陈小舫当家庭教师。陈沆回湘，也必与魏源相聚。有一次，两人在一起住了十多天，陈因此写了《十一月默深留长沙相聚旬余得诗五首》（1817年）。

……

陈沆高中状元后，还会不会一如既往地与只是一个副贡的魏源交往呢？

陈沆似乎没有感到自己的身份发生了变化，仍然像以往一样与魏源往来。有人劝告说："先生何必失身份与贵不如你的人相交呢？"

陈沆不顾闲言，拿着一摞诗稿又到魏源家中去了。时为隆冬季节，应酬较少，陈沆的官职此时也还是翰林院修撰这样的闲职。利用这种难得的闲暇，陈沆连续数日与魏源谈古论今，魏源因此而写了《喋古吟八首与陈太初修撰为连日读史而作》。"喋"同"喋"，"喋古"就是反复深入并有些悲伤痛苦地品味历史。其中的一首这样写道："日尽一编书，颓然进一觞。一觞未及醋，已阅几沧桑。"同时，魏源也同意给陈沆校诗并写跋语，这是魏源第四次给陈沆校诗并写跋语。1823年，魏源在藤阴书屋再次为陈沆的《简学斋诗》第七稿写题记。据魏源研究者统计，陈沆虚心请魏源批阅或写题跋先后达8次。

1826年夏，陈沆在北京英年早逝。

为了纪念陈沆，魏源于1829年夏完成了一部重要的诗词论著《诗比兴笺》，并将作者署名为陈沆。

《诗比兴笺》问世以来，一直受到学人们的普遍推崇，在中国诗歌评论史上占有了一席重要地位，今被编入《魏源全集》。但魏源将其署以陈沆之名，显然也体现了陈沆的一些思考与研究成果，因此，今人也继续将其作为研究陈沆的资料。

陈沆也为魏源校诗。他的后人在整理他的遗稿时，发现一部保存完好的魏源诗集《清夜斋诗稿》，上面郑重地盖有"秋舫校过"印，"秋舫"就是陈沆的号。于是，他们就把这部诗稿与魏源校过的陈沆的《简学斋诗稿》合编为《简学斋清夜斋手书诗稿合印》，于1911年石印出版。付印前，陈沆的曾孙陈曾则还写了题签，其中指出："默深先生手书诗稿一册，计共九十一首，删去四首，缺者补之。"曾任中山大学教授和清史馆撰修的陈曾则还在《先殿撰公诗钞后序》中说，陈沆与魏源为"讲学最契之友""有所作必互相质难，斯达于精而后已"。

魏源的第一部诗集本应当是《北道集》，由于《北道集》后来消失，人们只知其名，不知其实，由陈沆保存下来的《清夜斋诗稿》也就成了收入今《魏源全集》中最早的一部诗稿。今人能读到魏源早期的诗，陈沆及其后人贡献重大。

魏源与陈沆主要是诗友，但两人通过诗词，探讨了不少社会问题和"救时方"。

陈沆的诗歌创作与现实社会生活联系紧密，不少诗歌反映了当时日益尖锐的社会矛盾，表达出了为民请命的济世悯民的情感，引起了多次为他校阅诗词的魏源的强烈共鸣。

陈沆的《河南道上乐府四章·逃饥荒》写道：

> 救荒古有良有司，今者逃荒官不知。
> 一路嗷嗷男挈女，纷纷避荒如避虎。
> 饿腹况兼行路苦，清晨冲风夜戴雨。
> 只知四方口可糊，谁料饥荒无处无。
> 官府捉人牛马驱，慎莫乞食门前呼。
> 家乡腊前见三白，且可归来食新麦。

这里描写的，就是魏源在1814年春赴京途中也看到的那幅图景。魏源读了后深有感受，点评道："'官府'二句可悯。"

陈沆的《河南道上乐府四章·卖儿女》写道：

> 大车小车牛马走，儿啼呼父女呼母。
> 役夫努目刀在手，百口吞声面色朽。
> 此时父母死更生，食尽还增骨肉情。
> 月黑风寒新鬼哭，饥魂一路唤儿声。

魏源点评说："末四句苦语，令人不忍多读，比'天阴雨湿声啾啾'倍觉凄怆。"

"天阴雨湿声啾啾"出自杜甫的《兵车行》。这首诗描写了唐玄宗天宝年间朝廷对边疆少数民族频繁发动进攻给民众带来的痛苦。魏源认为当时中国的局势比杜甫《兵车行》中反映的局势更严重,是一种非常深刻的认识,并被历史所证实。

陈沆荣为状元,历任翰林院修撰、广东省学政、礼部会试同考官、四川道监察御史,他的所见所闻、思维方式、想法看法及朋友圈,对当时还只是一介寒士的魏源增长见识、扩大交往,产生非常重要的影响。例如,现存上海图书馆的陈沆手稿《简学斋诗一卷》,在上批跋的人有魏源、龚自珍、吴嵩梁、包世臣、董桂敷、贺长龄、黄平黼、黄修存、汪正鋆、汪正荣、黄之骧、潘曾莹、陶澍、姚学塽、陆献。这是一份极有

翰林院遗址

分量的名单，所列之人，不是大吏，就是名流，可以让人从一个侧面了解当时的魏源是如何"友天下士谋救时方"的。

3. 经学大师心中的"无双国士"

1890年的一天，一位先生来到广州广雅书局拜访一位学者，从这位学者所赠的书中发现了一种"非常异义可怪之论"。他对这种怪论极不赞成，回到寓所后，写了一封长达万言的长信驳斥书中的观点，并要求将那本书立即烧掉。学者收到万言书后，回访了那位先生。两人谈了很长的时间，最终"两心相协"，思想趋于一致。

回家后，那位先生在他自己创办的学堂讲起了这种怪论，一年后，他在学生的协助下写出了一部30万字的著作来阐述那种怪论，继而又出版了两部类似的著作，从而在中国思想史、政治史上引发了一场风暴。

那位先生就是康有为（1858—1927），那位学者是廖平（1852—1932），那种怪论就是今文经学，那三部书是《新学伪经考》《孔子改制考》和《大同书》，那场风暴就是"戊戌维新"运动。

这一历史表明，即使在历经鸦片战争时期的改革思潮与30余年的洋务运动后，在中国要进行"维新变

康有为

法",在思想理论上,还是只能以中国传统的思想文化为主要依据。

显而易见,距戊戌变法70余年前在北京求学的魏源及其朋友,更加只能以经学为"谋救时方"的理论基础与思想武器。

魏源不是通过一次偶遇才接触到今文经学,所拜的老师也不是普通人,而是清代今文经学的奠基者刘逢禄(1776—1829)。

由于到清代保存完整的今文经学只有《春秋公羊传》,所以,清代的今文经学又叫"公羊学"。公羊学的主要特点,是把春秋时期的历史分成"据乱世""升平世""太平世",并指出,"据乱世"的特点是"内其国外其夏",即各国都是以自己的小邦为中心,连其他华夏国家也是外国;"升平世"的特点是"内诸夏外夷狄",即华夏诸国成了一个统一的整体,但周边的夷狄仍是外国;"太平世"的特点是"夷狄进至于爵,天下远近大小若一",即天下大一统,华夏夷狄都成了一家人。在此基础上,公羊学者认为,人类历史的演进,就是从"据乱世"进入"升平世",再到"太平世"。

清代最早对公羊学感兴趣并有自己研究成果的主要代表人物是官至礼部侍郎的江苏常州人庄存与(1719—1788)。庄存与的公羊学引起了他外孙刘逢禄的浓厚兴趣,当他11岁见外公时,外公考他,他对答如流。庄存与高兴地说:"此外孙必能传吾学!"在外公的鼓励下,刘逢禄从12岁起就开始读《公羊传》及董仲舒的《春秋繁露》与《公羊传何氏解诂》等今文经学的经典原著,还跟随舅舅庄述祖学习。

嘉庆十年(1805)六月,刘逢禄完成《春秋公羊经何氏释例》一书。这部著作对汉代公羊学进行了全面阐发与适度的改造,是清代今文经学的奠基之作,使今文经学的局面为之一变。

> 昨日相逢刘礼部,高言大句快无加。
> 从君烧尽虫鱼学,甘作东京卖饼家。

这是龚自珍在1819年写的一首《杂诗·己卯自春徂夏在京师作》,诗中的"刘礼部"就是时任礼部主事的刘逢禄,"虫鱼学"是指当时在学术界占主导地位的考据学,"卖饼家"就是指研究今文经学的学者。今文经学既非应试之学,也不是学术界的正学,因而被时人奚落为"卖饼"之学。

魏源在向刘逢禄学习今文经学时,没有写出龚自珍这种豪放的诗,但他通过自己扎扎实实的研究,表明了他对今文经学的重视。费正清主编的《剑桥中国晚清史(1800—1911)》用了一个专节来介绍魏源,其标题是"魏源——经世致用论与今文经学研究的范例"。

魏源的今文经学研究能成为范例,其特点可以简单地归纳如下:

其一,注重"微言大义",坚定治学"贵能用"的信念。魏源把自己扬州住所的书房命名为"古微堂",写了题名为《诗古微》《书古微》《公羊古微》《曾子发微》《子思子发微》等专著,他的论说文被编为《古微堂集》,他的文学作品被编为《古微堂诗文集》,他创立的学派也被人称之为"古微学派"。这种可视为魏源主要标志之一的"古微",就是今文经学强调的古圣贤的"微言大义"。

阐述古圣贤的微言大义,自然要以古代典籍为依据。但古籍上的那些"微言",说得那么简单,那么含蓄,那么微妙,能否发现其中的"大义",发现什么样的"大义",这些"大义"的内容是什么,有什么样的意义,实际上反映的还是发现者自己的思想、见识、才能。

例如,《诗经》中有一首据称是周公写给周成王的诗,题为《鸱鸮》(猫头鹰)。诗中描写一只大鸟在猫头鹰抓走它的小鸟之后,为了防御外来的再次侵害,保护自己的小鸟,不怕辛劳加固窝巢的情景。

这首诗有什么"大义"呢?

传统的解读认为,这首诗反映的是周公自保的思想。魏源认为:"若全诗皆为周公自救,何与于救国家之乱乎?"这样,就把传统的自保性质的"救乱"说,引向了拯救国家,确保国家稳定的层次上来,对于统治者提出了应以国家为重的要求。对魏源时代的读诗人来说,就是要从鸟巢不坚固而被其他恶鸟抓走小鸟的教训,联想到今天的国家安全。要从鸟巢仍处在风雨飘摇之中的状况,联想到中国今日的危机。

魏源的《默觚》更为明确地反映了他试图从古籍中发现什么样的"微言大义"。

《默觚》分为两大部分,即学篇和治篇。

《学篇》共有14篇文章,所涉及的内容相当于今人所说的思想、道德、文化、教育和理论建设,主要阐述了为仁、为德、为善、忠孝以及谦虚、格物等修身内容和方法;提出了学习要用志不分、勤学好问、格出欲念、反情复性、循序渐进等建议;还论证了天人合一、人定胜天、君师道一等观点。

《治篇》共有16篇文章,所涉及的内容相当于今人所说的政治、制度、法制、组织建设,主要论述了他的人才观、历史观和为政思想等。提出了培养人才、任用人才、识别人才的方法；总结了兴衰治乱的历史经验；分析了教化、诤谏、立法、刑赏、卜筮等对治理国家的作用；强调了人才培养在国家治与乱、盛与衰中的重要影响。

这些内容表明，魏源试图从古籍中发现的"微言大义"，都是一些对修身立德、治国安邦、富民强国、挽救危亡有实际意义的思想理论与学术。用魏源的话说，就是"读万卷书贵能用""能致用便为实学"。

这种指导思想，不但让魏源把今文经学发展到了一个新阶段，还促使他有了新的转变。

魏源重视今文经学，他深感当时那些考试学和考据学，都是一些"无益之画饼，无用之雕虫""上不足制国用，外不足靖疆圉，下不足纾民困"。读得再多、再好，也"不识兵农礼乐工虞士师为何事"。因而应当从古人的"微言大义"和时人的认识与实践中寻找有用的学说。这样，魏源就从一个经学家转变为经世致用的学者。继而又发现，被中国人视为夷狄的外国，也有不少有用的学问。这样，魏源又成了开眼看世界的先驱。

魏源所代表的以强调经世致用为特征的"学术界的新趋势"，是一种具有特别重大历史意义的趋势。例如，今天的学科，分为理、工、商、农、医、文、史、哲、法、经、管、军、艺13个大门类，这与魏源所说的"兵农礼乐工虞士师"是相通的。换言之,也就是魏源察觉到了近现代与当代学科发展的主要方向。

其二,改造"公羊三世说",加深对"末世"的认识。

从时间顺序上说,公羊"三世说"可以说是复古,也就是从春秋时代的"据乱世",恢复到西周时代的"升平世",再恢复到尧舜时代的"太平世"。这虽然不等于倒退,但也是在引导人们往后看。

针对这种不足,魏源创造了一个新的"三世说":太古、中古、末世。这一学说认为,历史是由"淳朴"的太古递嬗为"升平"的中古,再由中古递嬗为"弊极"的末世。末世之后,"气运再造",历史又进入"民脱水火,登衽席"的新"太古"时代。这一学说类似于我们今天所说的"复兴",是对"公羊三世说"的重大改造,是当时中国的先进历史观。

魏源在提出"末世"这一概念后,进而将造成当时社会危机的各种因素归纳为"六荒":即"堂陛玩愒"(皇帝和官僚耽于逸乐,荒于政事)、"政令丛琐"(政府机构陷于繁文琐事,运转失灵)、"物力耗匮"(贪污贿赂、肆意挥霍使物力遭到巨大浪费,造成国家财政匮乏)、"人才嵬苶"(邪曲委琐、苟且偷安者盘踞要津,真正的人才却受到压制而不被重用)、"谣俗浇漓"(人心不稳,充满怨愤之气)、"边场驰警"(军备废弛,边防难以御敌)。

魏源希望创造一个让"民脱水火"的新的历史时期，在思想上是一个飞跃，但他也希望通过人们尽进忠言和朝廷开明的领导这种改革的方式，创造新的"太古"时期。

其三，强调历史常变，认为各种制度也应与之相适应地加以调整改变。

在今文经学及易经变易思想的启示下，魏源以为自然界和人类社会无时无刻不在变化之中。

魏源根据史书记载，对照当时的天文、地理和社会情况，发现"三代以上，天皆不同今日之天，地皆不同今日之地，人皆不同今日之人，物皆不同今日之物"。例如，古书上的一些星星，有些已经看不见了。长江、汉水、湘江、鄱阳湖、洞庭湖等水道，都有了很大的变迁。三楚之人今天不再留着长胡子，吴越之人今天也没有纹身的习惯，伊川人也不再披发。

魏源进而认为，人类社会也在时刻变化着，"自三代之末至于元二千年，所谓世事理乱、爱恶、利害、情伪、吉凶、成败之变，如弈变局，纵横反覆，至百千万局"(《默觚下·治篇十六》)。"五帝不沿礼，三王不袭乐。""地气天时变，则史例亦随世而变。""天下无数百年不弊之法，无穷极不变之法，无不除弊而能兴利之法，无不易简而能变通之法。"(《海国图志·筹海篇》)这种变化犹如春夏秋冬的季节变化，任何人也阻挡不了。例如，由分封制演变为郡县制，就是"天下大势所趋，圣人即不变之，封建亦必当自变"(《古书微》)。

根据上述认识，魏源认为，面对新的形势，人们必须"应时而当变"。"治不必同，期于利民。""变古愈尽，便民愈甚。天下事，人情所不便者，变可复；人情所群便者，变则不可复。"魏源这种立足于"利民""便民"的历史进化观，无疑是一种进步思想，代表了当时先进思想的高峰。

其四，重新认识中国，树立新的天下观。

中国古人常说的"春秋大义"，有一个核心观点，就是要严守华夷之辨，而且只能以夏变夷，不能以夷变夏。

为了尊重历史，化解中国国内的民族矛盾，庄存与、刘逢禄、魏源、龚自珍等人不断地对夷夏等范畴进行了探讨，其成果主要有三：一是阐发"王天下"，寻求国家在政治上的同一性；二是追求在中国本土范围内的"大一统"；三是想象大一统之后的"天朝体系"，即世界各国都奉中国为"天朝"。

上述思想，让人们对"中国"的认识，从思想观念到历史地理知识方面都有了很大的提高。例如，1762年完成的《乾隆内府舆图》明确标记的中国领土陆地面积约1270万平方千米，标志着中国历史疆域的基本确立，后来通过所用资料截止于1820年的《嘉庆重修一统志》及所附《皇舆全图》进一步补充，最终确定了总面积1300多万平方千米的中国历史疆域。在思想观念上，这1300多平方千米领土上的各族人民也成了一家，后由梁启超首创，统一称之为"中华民族"。魏源时期还没有提出中华民族这个概念，但当魏源使用"师夷""制夷"等词语时，人们都知道这个"夷"指的是外国，而不是中国境内的少数民族。由于今文经学认为华夷可以友好相处，进而成为一家，魏源成为开眼看世界的先驱，也可以说是顺理成章。

简而言之，今文经学"春秋三世说"以及《易经》"穷则变，变则通"的思想，不仅是有清一代"自改革"的主要思想资源，同时也构成中外渐开沟通后，中西展开对话的基本背景。

由于特别重视做"能用"的学问，并与众多师友共同切磋，加上他自己的勤奋治学，魏源成为代表当时学术新的发展趋势的最主要代表。当代著名历史学家齐思和（1907—1980）指出："晚清学术界之风气，史学则重本朝掌故，地理则中边疆舆地，而经学则提倡今文。前二者皆自魏源倡之。今文之学虽非倡自魏氏，而魏氏亦一重要之倡导人物也。"

魏源大力研究的那些"能用"的学问，对科举考试来说，则是"无用"的学问。自1822年取得顺天乡试第二名的佳绩后，魏源在其后的会试中一败再败，直到 1845 年 52 岁时始成进士。

包括很多进士在内的魏源师友并没有因此而用世俗的眼光看待魏源，刘逢禄在魏源参加 1829 年的会试失败后，写了一首《两生行》的诗高度评价魏源：

无双国士长沙子，孕育汉魏真经神。
尤精选理砾鲍谢，暗中剑气腾龙鳞。

除了以上所介绍的师友外，魏源还有很多师友。初版于 1928 年，补充稿完成于 1947 年，补充版于 1983 年由岳麓书社出版的李柏荣所著《魏源师友记》中所收录的人物就达到 233 人之多。

尽管李柏荣的《魏源师友记》并不完善，但已经向世人展示了一个让今天的学者难以想象的豪华朋友圈，其中官至二品（侍郎、巡抚）以上的人物就有 25 人，他们是：

庄存与：礼部侍郎
李宗瀚：工部侍郎
汤金钊：尚书、协办大学士
贺长龄：云贵总督
陶　澍：两江总督
陈　銮：护理江苏巡抚

李星沅：两江总督

林则徐：两广总督

璧　昌：两江总督

周系英：户部侍郎

裕　谦：两江总督

陆建瀛：两江总督

周天爵：湖广总督

袁甲三：提督八省军门

刘鸿翱：福建巡抚

劳崇光：两广总督

黄爵滋：礼部侍郎

朱为弼：漕运总督

潘曾莹：吏部侍郎

杨　芳：湖南提督、一等果勇侯

罗思举：湖北提督

苏廷魁：河道总督

罗惇衍：工部尚书、武英殿总裁

戴　熙：兵部侍郎

左宗棠：两江总督、军机大臣

这份名单并不完整，例如：1846年农历八月十二日，魏源致信胡林翼，对此时滞留北京已经10年的胡林翼决定以知府身份前往贵州任职，赞其"洵系卓见"。信中还说了不少私事,如请胡林翼为他的兄长谋一个教职,请胡林翼将他花50两银子委托他人购买的高丽参寄放到某处,如此等等。可见官至湖北巡抚,与曾国藩、左宗棠并列为湘军三大领袖的胡林翼也是魏源的朋友。

再如,历任江苏按察使、布政使,四次代理江苏巡抚,最后官至广西、江苏巡抚的梁章钜也与魏源关系匪浅。1847年农历正月初七,时在扬州养老的梁章钜邀请魏源参加他召集的挑菜会。对魏源只当上知县、知州这样的小官,梁深感遗憾,曾作诗云:"默深名进士,而甘牧令卑。不默复不深,外宦岂所宜?比年富述作,时流多惊疑。此才合台省,优为国羽仪(羽仪是比喻居高位而有才德,被人尊重或堪为楷模的人)。"(梁章钜:《浪迹丛谈》卷11)1847年秋,魏源前往雁荡山探望梁章钜。梁非常高兴,留其住了3天,并请魏源为其《雁荡诗话》作诗和作序。后来,梁章钜在《雁荡诗话》

胡林翼

中写道："魏默深是楚南奇士,故其文笔诗笔无一不奇。而雁荡本奇山,恰非默深之笔不足以泄其灵而尽其状。"并称赞魏源为这一诗话所写的诗与序,"又使余重见仙山面目,为之称快者累日"。

魏源时代的中国是一个等级森严的社会,即便是诗歌唱和,通常也是在同等身份的群体中进行。魏源能以贡生、举人、小吏的身份与那么多的名流与大吏交往,表明他的才华得到了同时代学界和官场的公认。

在李柏荣《魏源师友记》所收录的233人中,除了二品以上大吏外,还有很多思想、文化、艺术、学术、

岳麓书院山长——欧阳厚均

教育界的著名人物：龚自珍、包世臣、胡成珙、姚学塽、刘逢禄、董桂敷、唐鉴、张穆、邹汉勋、何绍基、何秋涛、邓显鹤、汤鹏、欧阳厚均、姚莹、钱仪吉、陈沆、陈奂、陆献、黄冕、汪正鋆、汪正荣、潘谘、凌堃、张维屏、张际亮……

通过与众多师友的相互切磋，相互激励，相互帮助，魏源不但成了一个思想家、学问家，而且成了一个参与了众多重大政务的实干家。

三、幕府经世抗英

1825年,魏源来到南京,先后进入江苏布政使贺长龄(1785—1848)、江苏巡抚陶澍(1779—1839)幕府。此前,魏源曾于1819年进入时任山西学政的贺长龄的幕府。后来,历任两江总督与江苏巡抚陈銮、林则徐、璧昌、裕谦、李星沅、陆建瀛等,"每有兴革大政辄与(魏源)议后行"。这样,从1819年至1849年,魏源的幕府生涯先后长达30来个年头。

魏源任幕僚的江苏省府和两江总督署,管辖的是中国最富庶的地区。因此,他所参与的政务也是对中国影响最大的政务。当时中国的四大政:河、漕、盐、关,魏源参与了3个,只有关税没有参与。

鸦片战争时期，两江总督管辖的地区还是抗英最前线，魏源因此而直接参加了抗英斗争。

这种幕府生涯，不但丰富了魏源的经世学，而且为他开眼看世界提供了直接的契机。

1. 选编经世文，引领晚清经世思潮

1825年1月，因黄河水倒灌洪泽湖，淮安清江浦高家堰大堤溃决，漕运中断。每年400万石漕粮无法北运，京城粮食供应告急，致使朝廷震动，官府焦急，百姓恐慌。

朝廷派出大学士汪廷珍、尚书文孚查办洪泽湖决堤之事，将两江总督孙玉庭革职，河督张文浩革职并枷号河岸示众，后又将张文浩成伊犁。

朝廷还全面调整江苏省的官府班子，1825年5月19日，原江苏按察使贺长龄出任江苏布政使，这个职务相当于今天的省长。紧接着，原安徽巡抚陶澍于7月3日出任江苏巡抚。

包括今上海市在内的江苏省，是清代中国最富庶的省份。然而，19世纪20年代的江苏，同样也是灾荒连连。《江苏省大事记（清朝）》上有这样一些记载：

1823年9月3日，以江苏水灾免各关商米税银两。给太仓等17厅、州、县、卫水灾民1个月口粮。

1823年10月19日，拨银100万两赈松江、苏州等属灾民口粮。

1823年11月，缓征江苏高邮等28州、县、厅新旧额赋。

1823年12月15日，缓征太仓等21州、县、厅、卫水灾新旧额赋。

1824年2月，展赈太仓等30州、卫，两淮安丰等9场水灾灾民1个月口粮。

1824年3月，缓征高邮等54州、县、厅、卫上年水灾额赋。

1824年12月，展缓高邮等25州、县、卫水旱灾，两淮中正等3场水灾额课，新旧折价口粮。

……

《江苏省大事记（清朝）》极其简略，1823年仅记载了8件大事，其中有4件与灾荒相关。1824年也只记载了8件大事，又有3件与灾荒相关。而在此前10年的1813年与1814年，同一《大事记》中只有一件事与灾荒有关。再往前20年的1793年与1794年，《大事记》中没有一件事与灾荒有关。

如何才能解决紧迫的因水灾而中断的漕粮运输问题？如何才能解决水患问题？如何才能治理好江苏？

为了全面系统深入研究这些问题，贺长龄特地将魏源从北京请来，让他主持选编一部清代的经世文编，以从清朝成立以来的官员、学者及民间人士所写的经世文章中寻找治省、治国方略。

编选经世文编并不是贺长龄、魏源的首创。

明朝末年，陈子龙、徐孚远、宋征璧3人主编了一部《皇明经世文编》。该书共508卷，内容极其丰富，但编辑方法极其简单，其目录就是×××文集、×××奏疏、×××书稿，相当于是一部420余人的文稿合集。

清乾隆四十一年（1776），又有一部具有经世文编性质的著作出版，书名为《切问斋文钞》，作者是江苏吴江人陆燿（1722—1785）。该书秉承"崇实黜虚"的宗旨，辑录清初至乾隆年间有关"风俗之盛衰、吏治之得失、民生之疾苦"的言论。全书分学术、风俗、教家、服官、选举、财赋、荒政、保甲、兵制、刑法、时宪、河防12事，分类远比《皇明经世文编》合理。但该书仅30卷，44万字，内容较为简单，书名也没有揭示经世致用的宗旨。

陆燿官至湖南巡抚并去世于湖南巡抚任上，在湖南任职期间，他增加了对岳麓书院的拨款，还请求朝廷增加书院的名额。在民生方面，他中止了前任对湘阴等45州县的派捐。陆燿还是一个著名的清廉官员，去世时，人们在他家中发现9部纺车和13张当票，表明他在湖南任职期间还要靠家人纺纱和当东西补充家计。

贺长龄和魏源都是湖南人,而且都是岳麓书院的弟子,对陆燿这位前辈十分敬重,对他编的书也非常欣赏。因此,贺长龄、魏源决定在取《皇明经世文编》之意、师《切问斋文钞》之法的基础上编一部新的经世文编——《皇朝经世文编》。

在《皇朝经世文编》的序言中,魏源说明了编辑此书的目的是:"知民务,积群虑,研几微,穷中极。"中极为北极星,是自然界最可靠的定位、定向参照物。中极还是穴位名,被喻为切中要害。因此,这段话就是说,编辑此书是为了了解民情国情,集中广大志士

贺长龄

仁人的智慧,以探讨社会历史发展的奥秘,寻找最可靠、最有效的治国理政方法。

魏源还说,"书各有宗归,通存乎实用""总期文资于救时,例绝乎标榜"。也就是说,编辑此书不分什么学术流派,只要是"实用"的文章,都可以收录。收录这些文章也不是为了标榜什么,而是为了"救时",只要是对于"救时"有帮助的文章都可以收录。

对于具体的编辑方针,魏源提出了著名的四项基本原则:

其一,"事必本夫心"。所选文章既要有利于正人心,也要有利于干实事。因为"善言心者,必有验于事矣"。

其二,"法必本于人"。所选文章既要有利于建立良好的法律制度,也要有利于人们运用这些法律制度,就像既要造出好车,又要培养好车夫一样。因为"善言人者,必有资于法矣"。

其三,"今必本夫古"。所选文章既要有利于人们了解历史,也要有利于人们把握现实。因为,"昨岁之历,今岁而不可用;高、曾器物,不如祖、父之适宜。时愈近,势愈功,圣人乘之,神明生焉,经纬起焉。善言古者,必有验于今"。

其四,"物必本夫我"。所选文章既要有利于人们了解"我"——自己的主观世界,也要有利于人们了解"物"——外部的客观世界。"物""我"是两种相互独立但又密切联系的事物,没有"物","我"就只能空想;没有"我","物"就不能对社会发挥什么作用。只有二者不断地"相摩""相质""相难",也就是不断地相互参照,相互质疑,相互验证,才能使认识不断优化,不断深入,事物不断地为人们所把握、所凭借。因此,"善言我者,必有乘于物矣"。

从哲学上看,这四项基本原则的要旨,在于强调"经世致用"必须以实现客观独立性与主观能动性的辩证统一为思想基础。而从政治文化角度探究,这四项基本原则中提出的"善言心者,必有验于事""善言人者,必有资于法""善言古者,必有验于今""善言我者,必有乘于物",都体现出有异于传统的政治思维方式,引导人们向既重心(精神)又重物(物质)、既重人又重法、既重古又重今、既重主观意志又重客观实际的方向发展。

魏源还在《皇朝经世文编》凡例中指出:"书各有旨归,道存乎实用。志在措正施行,何取纡途广径?……凡高之过深微,卑之溺糟粕者,皆所勿取矣。……凡古而不宜,或泛而罕切者,皆所勿取矣。会典之沿明制,犹周官之监夏、殷。然时易势昧,敝极必反。凡于胜国为药石,而今日为筌蹄者,亦所勿取矣。"这里所说的"三不取",进一步表明了魏源强调的是那些体现经世宗旨,符合当代所需,可以解决现实问题的学术。

通过一年多的辛勤工作，《皇朝经世文编》于道光六年（1826）成书，次年刊行。

《皇朝经世文编》从清初至道光三年的700多家清人的奏议、文集中，选录有关经世致用的文章共2236篇，300多万字，内容非常丰富。

《皇朝经世文编》分为8纲65目120卷。

八纲为学术、治体、吏政、户政、礼政、兵政、刑政、工政。魏源对这种分类法的解释是："既经世以表全编，则学术乃其纲领。""时务莫切于当代，万事莫备于六官，而朝廷为出治之原，君相乃群职之总，先之治体一门，用以纲维庶政。"这种以政府工作为主体的分类法固然有缺陷，但相对于空谈义理的传统学术而言，是一种重大进步，因为国事不但本身就非常重要，而且与绝大多数社会事务有密切联系。

此外，八纲中也有很多具体内容并不属于当时的政府工作，魏源所说的"万事莫备于六官，而朝廷为出治之原"，并不等于他的眼光只限于朝廷和六官。

例如，在各纲下有若干子目，其中：

——学术纲分原学、儒行、法语、广论、文学、师友6目；

——治体纲分为原治、政本、治法、用人、臣职5目；

——吏政纲分为吏论、铨选、官制、考察、大吏、守令、吏胥、幕友8目；

——户政纲分为理财、养民、赋役、屯垦、八旗生计、农政、仓储、荒政、漕运、盐课、榷酤、钱币12目；

——礼政纲分为礼论、大典、学校、宗法、家教、婚礼、丧礼、服制、祭礼、正俗10目；

——兵政纲分为兵制、屯饷、马政、保甲、兵法、地利、塞防、山防、海防、蛮防、苗防、剿匪12目；

——刑政纲分为刑论、律例、治狱3目；

——工政纲分为土木、河防、运河、水利通论、直隶水利、直隶河工、江苏水利、各省水利、海塘9目。

从这些子目可以看到，不少不属于部门管辖的事务被纳入了相关的部门，如"胥吏""幕友"，并不由吏部管辖，却同吏部主管的事务共同纳入"吏政纲"。

这些子目还显示，魏源并没有按机构权力的大小来选编文章，其选文重心明显地偏向于国家安全与民生。如对应核心权力中枢朝廷的"治体纲"，连同"治法"在内也只有5目。而对应权力最小的工部的"工政纲"，则有9目。同户部相比，兵部的权力也不大，但对应兵部的"兵政纲"与"户政纲"一样有12目，都是内容最多的部分。这样，在《皇朝经世文编》中，社会经济、基本建设、国防武备三类，占了全书篇幅的2/3。

《皇朝经世文编》的问世，意义非常重大。

其一，极大地改变了鸦片战争前后的士林风气，促成了经世思潮的形成。

鸦片战争时期,一大批研究边疆地理和国外地理、历史的书籍出现。最重要的有姚莹的《康輶纪行》、何秋涛的《朔方备乘》、张穆的《蒙古游牧记》、徐继畲的《瀛环志略》等。这样,"经世致用"就不再是少数人的呼吁,而是形成了一股颇有声势并颇有成果的社会思潮。

其二,引领了大批经世文编的产生。

1882年,饶玉成编成第一部《皇朝经世文续编》4卷。接着,葛士濬于1888年编成第二部《皇朝经世文续编》120卷,1897年盛康、盛宣怀父子又编辑了第三部《皇朝经世文续编》120卷。……2010年,学苑出版社将这些其时所知世传的21种清代经世文编连同一部民国时期的经世文编汇编成《清代经世文全编》出版。这套全编共分170册,总字数达3000多万字。

其三,推动了经世学的发展与向近代新学的转变。

随着时代的进步,经世学的内容大为丰富,并有了很大的更新。

1901年刊行的邵之棠的《皇朝经世文统编》,内容分10部99目。其部目包括文教、地舆、内政、外交、理财、经武、考工、格物、译著、女学、报馆、各国志、议院、通商、中外联盟、和战、教案、外史、富国、商务、银行、钱币、公司、国债、兵制、海军、船政、工艺、制造、矿务、铁路、机器、纺织、电报、邮政、算学、天文、地学、医学等。这些内容，显示其时经世学所经之"世"，已经相当现代化。

1902年，何良栋编辑的《皇朝经世文四编》，其"学术门"共分为原学、法语、儒行、书籍、译著、通论、格致、算学、测算、天学、地学、光学、电学、化学、重学、汽学、身学、医学18目。这些科目，显示出了经世实学向近代新学演进的趋势，初步奠定了中国近代学术分科发展的基础。

其四，促进了思想解放，为各种新思想、新知识的产生与发展开辟了道路。

晚清经世实学的近代转型，最重要的表现是在思想与学术精神的更新上。两千多年来，中国人治学议事，张口就是"子曰书云"，形成儒家道统凌驾和统驭一切思想与学术门类的局面，严重桎梏了思想与科学精神的发展。魏源在编辑《皇朝经世文编》时则明明白白地告诉世人，子如何曰，诗如何云，并不重要，重要的是那些东西是否"实用"，能否"救时"。

这些思想，促进了思想解放，实现了学术精神的近代转换。进而言之，魏源的救亡图存、富民强国等经世致用思想，对近代、现代乃至当代中国的各种思想、学说发展，并使中国的面貌发生翻天覆地的变化产生了深远的影响。

2. 参与三大政，开启近代改革先声

1825年以来，魏源协助贺长龄、陶澍等人处理了众多政务，其中最主要的是漕政、河政、盐政这三大政。

第一大政：漕政

引发道光四年冬（1824年年底至1825年年初）漕运危机的直接原因是水灾，但更深刻的原因还是漕运制度积弊太深。

清代漕运，根据运河的航线由各省分段管理。由于层层盘剥，嘉庆道光时期，正常的年份，每运米1石到北京，需支付约2石米的代价，如果将河道修筑

清代运河

管理费计算在内，则在3石米以上。

　　与漕运直接相关的是漕粮征收制度。清代漕粮全部征收实物，在有漕粮任务的山东、河南、江苏、浙江、安徽、江西、湖北、湖南八省征收，并形成了一套与田赋分开的独立的征收制度。在鸦片战争以前的近200年中，漕粮征粮定额为每年400万石，接近田赋实征830万石的一半。由于官绅百般浮收，敲诈勒索，定额1石，常实征3至4石，个别地区高达7至8石。龚自珍诗中写的"国赋三升民一斗"，指的就是定额1石实征3至4石这种现象。

　　与漕运直接相关的还有河工。清代河工也是分省分段管理，各种管理机构叠床架屋，开支非常巨大。鸦片战争前夕，清廷的经常性财政支出中，河工费、塘工费共计526.28万两，占总支出的10.39%，仅次于军费支出（占57.14%）和官吏的俸禄支出（占15.58%）。在河工费用中，江南河道所占比例很大，乾嘉以来，额定南河岁修银450万两，如遇决口或漫溢则另加。平时一般年增加200万两左右，大灾时增加1000万两以上。

　　如此等等，使漕运犹如插入民间的一条绵长的抽血管，与漕相关之千百贪官污吏、胥役走卒，皆附管竞相吮吸，分润自肥。时人对此总结说："朝廷岁漕江南四百万石，而江南则岁出一千四百万石，四百万石

未必尽归朝廷，而一千万石常供官、旗及诸色之蠹恶。"（《皇朝经世文统编》）

如何解决漕运问题？

由于漕运的单位实际成本约为江南米价的两倍，解决漕运问题的唯一方法就是将漕粮由漕运（通过运河运输）改为海运。

漕粮海运曾经在公元1282年至1415年的元代和明代初期实施过，历时130余年。这段历史不但表明漕粮海运的可行性，而且体现了漕粮海运的重大意义。

元代的漕粮海运，其运输量最多时一年可达350万石，所用时间最初为一个多月，后降至最快时仅10天，途中粮食损耗也由最初的25%下降到1%，从而用相当低的成本保证了北京的粮食供应。

漕粮海运急速提升了中国的造船能力和航海水平，正是在此基础上，中国才有了明代前期郑和七下西洋的壮举。

漕粮海运使中国一直沉寂衰落的漫长海岸线突然活跃起来。例如，上海原来只是秀州华亭县的一个镇，因漕运所需，至元二十九年（1292），元朝廷将上海升格为县，并在此开港和设市舶司。尽管后来停止了漕粮海运，上海航运仍在其他需求的推动下继续发展。到鸦片战争前夕，聚集在上海港的船舶有时多达3000多艘，以沙船主为中心的航运业，从业人员在10万余人以上,上海因而被称为"江海之通津,东南之都会"。城区内"店铺栉比,万商云集,百货山积,人马喧闹,万头攒动,摩肩擦背"。

漕粮海运还让海上丝绸之路变得日益清晰和强大。漕粮海运期间,中国与东南亚、西亚以至北非的海上贸易航线变得枝繁叶茂,建立通航贸易关系的多达120个国家和地区。

然而,明朝建立后不久,为了防止流亡海外的政敌回国夺权,政府全面实施海禁政策,因而于1415年停止漕粮海运,漕粮全部改由漕运。

由于漕运成本高、弊端多,明代中期后,不断有人建议恢复海运。然而,长期的漕运产生了一个庞大的利益集团,在他们的阻挠下,每次提议都被束之高阁。

1825年初,因洪泽湖决堤,漕运被迫中断,清朝统治者不得不重新考虑漕粮海运的问题。

道光五年(1825)二月初,道光皇帝下旨要求众大臣认真商讨漕粮海运的方案。

督办河漕的大学士孙玉庭和两江总督魏元煜继续坚持漕运,最终导致漕粮运送过黄河的还不到应运总数的三分之一。道光皇帝大怒,将负责漕运的大员一个不落地全部加以处分:大学士孙玉庭被贬为翰林编修,休致;漕运总督颜检连降两级,以三品衔休致;两江总督魏元煜和河道总督严烺降级留任。

在这种背景下，同年四月初十日（5月3日），协办大学士、户部尚书英和上奏《筹漕运变通全局疏》，指出在目前的严峻形势下，解决漕运危机的唯一办法，只能是"暂雇海运"。道光皇帝接受这一建议，先后委任支持海运的贺长龄、陶澍、琦善、穆彰阿分别出任江苏布政使、江苏巡抚、两江总督和漕粮总督，具体承办漕粮"暂雇海运"事宜。魏源也因此而来到江苏，协助贺长龄筹办漕粮海运事务。

魏源收集了雍正五年（1727）蓝鼎元的《漕粮兼资海运疏》、嘉庆九年（1804）包世臣的《海运南漕议》及上述英和的《筹漕运变通全局疏》等各种有关漕运的资料，系统地了解了漕粮海运的历史与前人、时人的看法和建议。

魏源还陪同贺长龄实地考察了长江口出海通道和粮船集散地，调查上海船商的情况，并与他们协商应当如何征集船只，还向他们了解运营成本等相关情况。

在各种文献研究与实地考察的基础上，魏源先后写成《筹漕篇上》《筹漕篇下》，形成一整套漕运改革的理论。

在1825年7月10日前，两江总督仍是反对海运的魏元煜。魏源代贺长龄作《复魏制府询海运书》，指出漕粮海运有三利：利国、利民、利商。即可以为国家减少运粮成本；可以减少了粮食的浮收，减轻农民负担；可以缩短运输时间，减轻河运中那些层层盘剥的弊病。同时也指出："所不利之人有三：海关税侩也，天津仓胥也，屯弁运丁也。"

1825年7月上旬，陶澍、琦善先后到任，筹办海运的工作正式启动。

魏源再次跟随贺长龄到上海筹备各种有关海运的具体事项，他们的筹备工作初步完成后。陶澍于七月十日（8月27日）来到上海，与贺长龄、魏源进一步深入细致地落实各项工作。

七月二十日（9月6日），陶澍召集众船商，发布了著名的《筹办海运晓谕沙船告示》。在告示中，陶澍详细列举了海运对船主的各种好处。众商听后，欢欣鼓舞，省府很快就雇得沙船1000余只，其他船数十只，计两次可以运米150余万石。

道光六年二月初一（1826年2月25日），清代第一次漕粮海运正式启动。

那一天，海面上停泊着挂着各色旗帜的沙船，这些旗帜上标记着各个州县的名称，沙船按着这些标记领取并装载来自那个州县的漕粮。

陶澍率众官员到场督验，场景庄严肃穆。沙船有条不紊地进港装粮，当日装米的商船有90余只，载米量8万石左右。

一艘又一艘的运粮海船在辽阔的海面上扬帆而去，

渐渐消失在遥远的天际,陶澍率众官员站在吴淞炮台相送,默默地祈祷海神保佑,并赋诗一首《丙戌二月一日海运初发,偕同事诸君赴吴淞口致告海神登炮台作》:

> 昔闻观水必观澜,吉祷今来得大观。
> 万船宝沙通转运,九重玉食念艰难。
> 烟开岛豁黄龙远,潮满神停白马看。
> 指点扶桑云五色,日边好路近长安。

魏源、贺长龄、陶澍的心血没有白费,一个半月后,就已经有123万多石漕粮装船离开上海。至五月,苏、松、常、镇、太等4府1州上年所纳的漕粮全部运完。此次海运,总计运送漕粮163万多石,其中正额145万余石,仓耗米近6万石,船耗米12万余石,参加运输的船只多达1955艘次。

二月二十八日,苏州长洲县第13号郁同发海运沙船,已经行抵天津洋面,从而揭开了海运到津的序幕。六月五日,

清重臣、经世派
主要代表人物——陶澍

最后一批运送漕粮的海船到达天津洋面。天津镇总兵克什德"亲诣海口，督饬放行"，还派京口副将汤攀龙乘坐兵舰去迎接，并兴奋地向道光帝报喜：所有应运海运漕粮，至此已"扫数斛交完竣"。

在运粮安全方面，此次海运，漕粮于正额"颗粒无损"，在天津交兑后，尚余米65007石。在用银方面，此次海运运送163万石粮食，只用了140多万两银子。两者合计，每石海运漕粮"用银不及一两，用米不到二斗"，大大低于正常年份每运米1石需支付约2石米的运输成本费用。

如此等等，让魏源对这次海运大为赞赏，充满期待。

漕粮海运完成后，魏源代苏州、松江知府编写《江苏海运全案》和《道光丙戌海运记》，对这次海运进行了总结。

通过总结分析，魏源认为海运"优于河运者有四利：利国，利民，利官，利商"。可收"六便"："国便，民便，商便，官便，河便，漕便"。并高度评价说，这次海运"因利乘便，事半功百，而元所未有也"。

魏源还进一步指出，这是一件纲举目张，"一备百顺"，带动全局、影响深远的大事。他在《道光丙戌海运记》中对此欢呼道："于是南北并举，纲挈目张。""奚以见明明穆穆，贯周万虑，一备百顺，至简易，可久大，永永与天地无极？"

对大宗商品的长途运输来说，海运的优势是河运根本无法相比的。用魏源的话说，就是"（海运）较河运则有霄壤之殊"。然而，由于漕运形成了一个庞大的利益集团，清政府顽固坚持闭关锁国政策。因此，清朝的决策者从一开始就只是把漕粮海运作为一种权宜之计，任务完成后，他们又下令停止海运，恢复漕运。这样，1826年的漕粮海运就成了鸦片战争前清代中国唯一的一次漕粮海运。

对此，有识之士无不扼腕叹息。由魏源撰写、贺长龄署名的《江苏海运全序》感叹道："非海难人而人难海，非漕难人而人难漕。本是推之，万物可知之；不难于去百载之积患，则难于去人心之积利。反是正之，百举可举也。"

第二大政：河政

1814年，魏源在从湖南前往北京的途中，目睹了战乱与黄河水灾在中原地区造成的惨景，从而决心致力于水利研究，他在当时的一首诗中这样写道：

> 旅客有奇梦，梦游古华胥。
> 手持水利书，副以沟洫图。
> 拜献神禹前，冀免斯民鱼。

从这以后，魏源通过研读文献，与师友交流，实地考察，协助陶澍、林则徐等人处理政务，产生了丰富的水利思想，其主要特点有：

其一，理论先导，学术奠基。

魏源在《筹河篇》中这样写道：

> 我生以来，河十数决。岂河难治？抑治河之拙？抑食河之饕？作《筹河篇》。但言防河，不言治河，故河成今日之患；但筹河用，不筹国用，故财成今日之匮。以今日之财额，应今日之河患，虽管、桑不能为计；由今之河，无变今之道，虽神禹不能为功。故今日筹河，而但问决口塞不塞与塞口之开不开，此其人均不足与言治河者也。尤论塞于南难保不溃于北，塞于下难保不溃于上，塞于今岁难保不溃于来岁；即使一塞之后，十岁、数十岁不溃决，而岁费五六百万，竭天下之财赋以事河，古今有此漏卮填壑之政乎？

这些思想，表明魏源认识到，治河不是一件孤立的事情，因而要从防范与治理、河用与国用、历史与现实、南岸与北岸、上游与下游、堤坝与河道、近期与长远等各个方面统筹兼顾，全面、系统地进行研究。

魏源全面系统研究河政与水利，始于1825年至1826年编辑《皇朝经世文编》。这部文编的水利部分，共分有河防、运河、水利通论、直隶水利、直隶河工、江苏水利、各省水利、海塘8个子目，约占全书65个子目的1/6，是《皇朝经世文编》中子目最多的事项。

除了进行文献整理外，魏源自己也先后写了《筹河篇》（上、中、下）、《湖广水利论》《东南七郡水利略叙》《江南水利全书叙》《畿辅河渠议》《上陆制府论下河水利书》《再上陆制府论下河水利书》等论著，形成了自己的治水思想与方法。

通过研究，魏源成为同时代及整个中国古代重要的水文学家与地理学家之一。当代学者赵荣撰写的《中国古代地理学》中清代部分有一节为"自然地理认识"，下分6个小节，其中有3个小节，即地势、潮汐规律、河流水汛，是以魏源为主要代表人物。该书还指出，在地势方面，魏源基本勾勒出中国境内几条主要山脉干线，扩大了正确认识山系的范围，代表了当时对中国山脉体系的新认识。在潮汐规律方面，魏源的论述，标志着中国古代潮汐成因理论认识的最高水平。在河流水汛方面，魏源不但准确地预测了黄河改道，而且对华北平原上漳河、永定河的治理也颇有见识，表明他能从区域地理特性来正确认识水文环境，如此等等。魏源如此重视理论并取得了那样的成就，所体现的科学精神是极其难得和极其珍贵的，对当时的治河与治水具有重要的指导意义。

其二，尊重规律，勇于创新。

治水是一种专门的科学技术，魏源正确地认识到，治水应"顺水之性""因势利导"，尊重客观环境，尊重自然规律，是一位对水利建设很有见解的人物。

在众多成就中，最为令人惊讶的是，主要以思想家和人文学者著称的魏源，竟然是历史上对黄河改道预测最准的人。

自1814年以来，黄河问题一直是魏源重视的一个问题。通过长期研究、参与河政和实地考察，魏源形成了系统的治河思想。于1842年写成了《筹河篇》，其中指出，由于黄河下游两岸的地形已经是南高北低，1494年以来南向入淮的黄河河道必将会改道北流，而且以河决汴封以上（封丘），东北由大清河流入海为最佳地点。

1855年，黄河在河南境内的兰阳（今兰考）铜瓦厢决口。铜瓦厢地处封丘与兰考的交界处，与魏源13年前判断的黄河将在开封以上的封丘地段决口完全吻合。决口后，黄河向东北流去，夺大清河以入海，流经线路几乎和魏源13年前所说的一模一样！

如何面对这种必然到来的改道呢？

魏源认为最为根本的是要改变基本思路，"顺水之性"，改堵为疏，"因势利导"。根据黄河必然改道北流的趋势，根据黄河每次在河南境内决口"必贯张秋运河，趋大清河入海"的启示，对黄河进行人工改道。

人工改道是治河思路的重大创新，是黄河治理弃旧从新的重大突破。但这是史无前例的事情，魏源知道这种建议难以被采纳，故特别提醒统治者说："使南河尚有一线之可治，十余岁之不决，尚可迁延日月。今则无岁不溃，无药可治，人力纵不改，河亦必自改之。""人力予改之者，上也。否则待天意自改之，虽非下士所敢议，而亦乌忍不议！"（《筹河篇》）

统治者对魏源的建议无动于衷，悲剧就像魏源所预计的那样到来了。

1855年7月31日，铜瓦厢三堡以下某堤段塌掉三四丈，"仅存堤顶丈余"。8月1日，这段堤防终于溃决。黄河狂涛由决口倾泻而下，冲向河南、山东、河北，涉及10州、40余县，重灾区面积达3万多平方公里，山东省受灾六分以上的重灾区的难民超过700万人。从1855年决口到1884年山东黄河两岸堤防修整完成，灾区民众在近30年中，年年都在黄水泛滥中煎熬。

由此可见，魏源履行了他的"手持水利书，副以沟洫图"承诺，却因统治者的颟顸而无法实现他的"冀免斯民鱼"的梦想。

其三，整顿吏治，改革弊政。

河政既是清代前期与中期的第一大要政，同时也是第一大弊政。清廷每年拨出大量经费治河，由于河员贪污中饱，结果是花费浩大，水害反而愈烈，灾民也愈甚。对此，魏源愤怒地指出："河工者，国帑之大漏卮也！""黄河无事，岁修数百万，有事塞决千百万，无一岁不虞河患，无一岁不筹河费，此前代所无也。"针对这种现象，魏源指出："欲兴水利，先除水弊。除弊如何？曰，除其夺水夺利之人而已。"

魏源的建议得不到采纳，只能深叹："呜呼！利国家之公，则妨臣下之私，固古今通患哉！"河工弊政也因此而继续延续，曾为曾国藩幕僚和出使英、法、意、比四国大臣的薛福成（1838—1894）说："每岁（河工）经费银数百万两，实用之工程者，十不及一，其余以供文武员弁之挥霍，大小衙门之酬应，过客游士之余润。几饮食衣服车马玩好之类，莫不斗奇竞巧，务极奢侈。"

魏源的心血，也没有完全白费。他的"欲兴水利，先除水弊"的思想，通过陶澍等人的努力，在局部范围内实施而取得了成效。陶澍主政江南期间，江南水利建设得到加强，河工经费却持续下降。1826年为869万余两，1832年673万余两，1833年为314万两，1834年为226万两，1835年为294万两，1836年为275万两。

魏源的治河思路，也有一些在陶澍负责的水利工程中得到了体现。

吴淞江是太湖最大也是最重要的泄海口，吴淞江的通畅与否，事关全局，"实东南水利之关键"。道光七年（1827）十月至次年三月，陶澍对吴淞江进行了治理，其主要特点是通过蓄水冲沙，防止河道与海口淤塞。"咸称百余年来，未有如此开挖深通之工"。这一工程很快就发挥了积极作用。陶澍说："数年以来，各省水患较多，唯苏松一带幸免沉灾，皆由吴淞江开挖深通之故。"

这一工程的基本指导思想，就是魏源在《东南七郡水利略叙》所说的"杭嘉湖苏松常太七州郡之水，原于宣歙天目诸山，而以太湖为壑，太湖又以海为壑"。"下游疏则上游自宣泄"，因此，要兴七郡水利，就必须"浚吴淞口开新道以利其流去"。

除了这一工程外，由陶澍署名，于1833年刊行的《东南七郡水利略叙》还统筹规划了江浙两省的治水工程。1843年，魏源又写了《江南水利全书叙》，再次提出了江浙两省治水的基本原则与基本思路，对陶澍、林则徐的治水成就进行了高度评价，并希望后人"补陶林二公之未竟"的水利事业。

魏源的治水思想还由他本人亲自实践过，并经受了极其严峻的考验。

1849年，魏源奉命权知扬州府兴化县事。

兴化县处于高邮湖下游，是里下河地区最低洼之处，俗称"锅底"。每至夏秋，湖水必涨，威胁堤防。里下河地区河堤设有南关等五坝，以资宣泄。正常年份，到夏季涨水之际，早稻新谷已收归仓。如果洪水来得早，一旦湖涨，河官怕承担溃堤罪责，便不顾里下河江都、甘泉、泰州、高邮、兴化、宝应、东台等7县人民死活，动辄启坝放水，即便稻谷已金黄一片亦不顾。魏源到任的前一年，即因启坝过早，致使大水淹没田地，里下河地区发生重大饥荒。

1849年6月，里下河地区开始涨水，江南河道总督杨以增（1787—1855）欲按惯例启坝开闸放水。魏源"闻风而驰"，来不及去县衙接印章就职，首先赶赴现场探看水势。

此时，早稻已渐熟，面对即将开闸启坝的现实，里下河地区农民怨声载道，5万农民集结河堤保坝。魏源紧急赶到堤坝上，一方面安抚十分"恼惧"的农民，组织农民与士兵昼夜筑护，另一方面与河官交涉，阻止他们启坝。河官拒绝魏源的请求，魏源据理力争，河道总督杨以增只好下令暂缓启坝。

魏源不敢懈怠，星夜奔赴两江总督署求援。时任两江总督为陆建瀛（1792—1853），魏源曾经给他当过幕僚。为了引起重视，魏源没有按正常方式去找陆建瀛，而是在陆府门前猛烈击鼓，怒请陆建瀛亲临邮南五坝坐镇。陆建瀛来到堤坝，制止河官启坝。虽然两江总督也只是协助河道总督处理河政，但毕竟位高权重、面子大，启坝之事再度延缓。

清代藏书家——杨以增石雕像

天公不作美，倾盆大雨又接连不断地下了两昼夜，同时还刮起了大西风，湖浪汹涌，位于运河西侧的高邮堤段将要溃决，河官又要开坝。魏源伏在堤上痛哭，愿以身殉职，而且差一点被浪涛卷走。百姓深受感动，七县前来护坝的民众增加到10余万人。他们不要挑土费，自告奋勇全力抢险。傍晚，风雨停了，魏源和护堤民众终于松了一口气。这时的魏源，满身泥水，眼睛肿得像个桃子。这样，魏源终于率领里下河地区七县民众战胜洪水，度过险关，保住堤坝。民众非常感激，将这段河堤称之为"魏公堤"。两江总督陆建瀛也感叹地说:"精诚所至,金石为开,岂不信然。"同年秋天,里下河地区七县水稻获得丰收,民众将这些水稻称之为"魏公稻"。当地士绅率领大批民众,手举香火,燃放鞭炮,护送着一块书写"淮扬保障"四个大字的匾额来到兴化县衙,郑重地将其悬挂在县署正中。

洪水无情人有情。魏源为了护堤,愿以身殉职,并能说服两江总督与河道总督暂不启坝泄洪,是他根据自己掌握的渊博的水利知识,认为此时可以不启坝,不是因为他是兴化知县,而是要保护堤内兴化民众的水稻。例如,魏源在《上陆制府论下河水利书》中写道:"前奉宪檄,委查下河水利救急之策,饬令将上游、下游及中段情形逐一查访。源所署兴化,系下游总汇,距各海口各 二百里。此次晋省,又由六合绕赴盱眙、天长,查勘上游禹王河故道,并汇查历年案卷图说,始知上游分泄淮水归江之策、下河筑堤束水归海之策,均属劳费难成,殆同画饼。"魏源还说:"查每年开坝急不能待者,皆由扬河厅之永安汛一带及江运厅之荷花塘一带,湖河一片东堤危险之故。……惟西堤实东堤之保障,且两面皆水,以水抵水,远胜东堤之一面空虚。故凡有西堤之处,其东堤则安若金城,即水已涨过西堤,而水中但有脊影草痕者,其东堤即不吃重。……而此永安汛、荷花塘上下数十里之险堤,亦断无听其唇亡齿寒不需保障之理。"

魏源并不绝对反对启坝。他在《再上陆制府论下河水利书》中说："殊不知西水之于下河,能为害亦能为利,如使终年西水不入下河,亦非民田之福也。不但东台、盐城、阜宁海卤地咸,全恃西水泡淡,始便种植,即高邮、泰州、兴化、宝应、甘泉等县,亦赖西水肥田,始得膏沃而省粪本。凡西水所过之地,次年必亩收加倍,如年年全不开坝,则下河田日瘠,收日歉。故开坝于立秋以前,则有害无利;开坝于立秋后处暑前,则利害参半;如开于处暑以后,则不惟无害而且有大利。"

魏源成功护堤后,陆建瀛委任他总督运河东西两堤工程。两堤竣工后,运河防洪得到双重保障。里下河人民撰联写词颂扬魏源,并准备集资为魏源建生祠。魏源得知后严令制止。

第三大政:盐政

鸦片战争前,盐课是中国仅次于田赋的国税,被人们认为"居天下财赋四之一"。

两淮是全国最大的盐区,清乾隆年间,两淮盐商每年可赚银1500万两以上,上交盐税600万两以上,占全国盐课60%左右。这样,两淮盐商富可敌国,"富者以千万计","百万以下者皆谓之小商"。乾隆下江南时惊叹:"扬州盐商,拥有厚资,其居室园囿,无不华丽崇焕。"

利之所在，其弊必兴。"盐课居天下财赋四之一，两淮最巨，其弊亦最甚。"

官员们以各种理由向盐商索取银子，据不完全统计，乾隆年间，两淮盐商军需报效共计1480万两，助赈报效210万余两，助工报效231万余两，备公报效927万两，各种报效合计2849万余两。其中，扬州盐商江广达一人一次就捐银200万两。除了报效外，漕运总督、河道总督、巡抚各衙门及各级地方政府也以各种名目在两淮盐政上开销，这些浮费，每年在200万两左右。盐课浮收的问题，比漕粮的"国赋三升民一斗"还要严重得多。此外，纲盐制有很多复杂的规定，运司衙门书吏多至19房。商人办运请引，文书需辗转11次，经盐务大小衙门12处，每过一关，都要受一次"需索陋规"之苦。如此种种，让盐商苦不堪言。钦差大臣王鼎在其1830年的奏折中说，两淮原先有运盐商户数百家，资本金三四千万两。当前，盐户仅剩数十家，资本金不足1000万两，而且多是借款运营，以至于认领纲引的数目严重缩水。陶澍也于同年上奏说，从道光元年（1821）至十年（1830），十纲之中，"淮南商办课运止有五纲七分"，积引几至半数。

各种弊端，最终都反映到盐价上，极大地影响了老百姓的生活。以河北保定为例，康熙三十年（1691），那里的食盐零售价还是10文一斤,至嘉庆九年(1804)涨到了46文一斤。保定同期的粮价,每斤为3文左右。这种现象很普遍,人称"斗米斤盐"。上海是产盐区,但嘉庆年间的食盐每斤也在30文左右,与同期的猪肉价格相当。

1830年秋,陶澍由江苏巡抚提拔为两江总督,上任之后,就把盐政视为最紧迫的要政,并于1831年8月,请魏源前来出谋划策。

魏源应邀后,通过广泛深入的调研,提出了以改"纲盐制"为"票盐制"为核心的盐政改革主张,并写了《筹鹾篇》《淮北票盐志略》来阐述这一主张。

魏源认为,盐政弊病的症结,就在于具有垄断经营性质的纲盐制及由此产生的吏胥中饱、官商勾结和营私舞弊。因此,要"裕课通商",改善民生,就必须改纲盐为票盐。

所谓票盐,就是由政府向经销商直接发放具有经营许可证性质的盐票。其原则是,不问新商、旧商,不分东西南北,只要交足盐课,皆可以向盐运司领取盐票。票商既无限制,亦不固定,以防止根窝专商之弊。盐票有限期3年,"每票买盐十引至百引不等"(个别州还以一引为最低限额),每引统一规定为400斤,课税标准为一引库平银1两8分。缴纳完这些税费后,淮盐生产与经销区,即所有皖、豫两省滞岸(范围包括安徽河南两省41州县）及江苏口岸各衙门，不得向民贩分毫需索。

一番筹备后，票盐制于道光十二年（1832）七月开始在淮北推行。

盐引滞销问题迅速得到解决。纲盐期间，淮北额盐接近30万引，实际销盐长期不足10万引，不到额销的1/3，有时甚至不及1/10。改行票盐后，1832年销盐24万余引，1833年销32万余引，1834年达59万余引，达到淮北额引的两倍。盐课也超额完成，除奏销淮北正杂课银32万两外，每年还能协贴淮南银36万两，后又带销淮南悬引20万，纳课银31万，"是淮北之课，较定额又增两倍矣"。简言之，从政府的角度来说，票盐制可谓大获全胜。

盐商获利优厚。票盐制类似今天的"一票制"与"一站式服务"，省去了很多关卡和乱收费的麻烦，盐商成本大降。纲盐期间，由于中间环节多，淮北盐商每单引运输成本为10余两。推行票盐后，行盐出盐场后不再改捆，而是直抵引岸，每单引运输成本降至5两左右，几减纲盐大半，基本上和贩私盐持平。这样，人心踊跃，盐票供不应求。从1838年开始，官府只能用抽签的方式来销售盐票。

行销票盐地区的民众也从中得利。"楚西各岸，盐价骤贱，民众为之欢声雷动。"上海虽然不在实施票盐制的范围内，但盐价也受到影响。从1840年开始，上海的盐价由过去的每斤30文左右下降到每斤20文左右。

票盐试行之初，票贩颇多观望，且资本无多。魏源便亲自"下海"体验，出资在盐场购盐、纳税、运销，从而成了第一批票商。前两年，魏源因为是一个"不谙事之书生"，又分身无术，很少亲自过问生意，"以致连年负累，几于身家荡尽"。到了第三年，魏源找到了一个很好的合伙人——湖北徐君，"一切交其握算"。这样，魏源不但还清了债务，而且"累至千金"。1835年，他用这笔钱在扬州买了絜园（今新仓巷37号右边大院，曾为中共扬州市委党校校址）。现在还能看到絜园当年的平面图显示：絜园占地面积约2617平方米，南部是花园、北面是住宅。花园里原有荷塘、鱼池，池上有白石桥，周边有太湖石与黄山石堆叠的假山，竹木花草之间布置着石桌、石凳，错落有致。住宅分东、中、西三路，厅堂、庭院、书斋、客座、花房、灶间，楼阁亭台，无不具备。魏源写诗咏自己的家园，其中有"池楼凉似水，林月淡于烟""万竹绿围花，百花香绕家"之句，可见他对絜园的喜爱。他的朋友曾戏称他等同富商："足下盐利大获，在扬州买宅，居然与富商等。"他的孙子也有文章回忆说："予家有园林，在扬州仓巷，亭台楼阁，称一时之盛。"

票盐制在淮北推行成功后,魏源很想将其推广到淮南。因为淮北额销不足30万引,淮南额销则有近140万引,是产量数倍于淮北的主产区。因而向陶澍献言:"小更革则小效,大更革则大效。"由于淮南盐商势力极大,被道光皇帝赞赏为"勇于任事,不避嫌怨"、被魏源称赞为"奋不顾身,力排群议"的陶澍,始终只敢在额销量少而且交通不便、引商不肯前往的淮北推行票盐制,主产区淮南则继续实施纲盐制。

魏源只好等待机会。

道光二十九年十一月十九日(1850年1月1日)深夜,一盐丁在停泊在武昌塘角的一艘大船上点灯吸鸦片,结果引起了一场大火灾。当时,那里停泊着淮商盐船420余艘,还有其他船舶600余只。这些船舶为了"绝风涛,避寇贼",互相连接在一起,"首尾连络,势若蛇蟠","绵亘约数十里"。当火焰冲天时,这些船只乱成一团,无法冲出火海。这场大火从晚上一直烧到第二天下午,救灾人员事后"以一席裹一尸,至数千百具"。在这场大火中,420艘运送淮盐的船无一幸存,淮南盐商损失银本500余万两。

祸不单行。就在武昌塘角发生大火公历当年,淮南盐区又遭遇兵祸。兵荒马乱之中,运商星散,场商逃走,灶户停煎,淮南20盐场的26169口煎盐锅,兵祸之后所存不足3/10。

接连发生的两场大难让淮南盐商势力大伤元气，他们再也没有力量阻止票盐改革了。

1850年，两江总督陆建瀛在魏源的协助下，将票盐制推行于淮南。这样，清代最大的盐区——两淮盐区，最终走上了以市场为主导、以利益为驱动的票盐之路。咸丰元年（1851），户部对两淮票盐改革进行了肯定，并建议"各省改长商而行票盐"。票盐制在全国范围内推广，由此而成定局。

由于淮南盐场遭受严重破坏，道光三十年（1850），魏源被两江总督陆建瀛紧急委任为淮北海州分司盐运判（从六品），以补救南盐生产的不足，魏源因此而有了以盐官身份亲自推行自己设计的票盐制的机会。

两淮盐场共设海州、通州、泰州3个分司，分别管辖两淮23个盐场。其中，海州分司管3个，通州分司管9个，泰州分司管11个。魏源负责的海州分司是最小的分司，但在1850年则承担起了淮盐生产的主要责任。

魏源不负重托，任职那年，"北产大盛"，超额完成任务。所得税收除了双倍上缴外，还以20万两接济淮南盐业，史称"南课赖充，而北课又倍"。此外，还查获价值30万两银子的走私盐。对他曾经舍命保护并组织整修的运河西堤，他也念念不忘，特筹银20多万两，作为高邮、宝应运河西堤的维修基金。这些业绩奏报到了朝廷，魏源这位从六品的小官因此而受到道光皇帝嘉奖，议叙得旨补缺。后以同知直隶州即用，咸丰元年（1851）补授高邮州知州（从五品）。

可见，票盐改革的成功，给了魏源很大的安慰。既让他的才学得到了验证，还让他声名日隆，官职得到提升。

魏源仅仅是给贺长龄、陶澍、林则徐、陆建瀛等人当了几年幕僚，自己当了几年知县、盐运判这样的小官，就对当时中国的漕政、河政、盐政做出了这么大的贡献。如果能给他更大的平台，更多的机会，那他对国家的贡献，也就未可限量了！

3. 西北观兵，东南抗英

魏源深知他所处的时代已经进入乱世、末世，如何才能挽救危亡呢？他在《明代食兵二政录叙》中写道，只有解决好了"食兵"问题，才能使国家"虽有大兵大役之加派，民不致乱也；虽有北鞑南倭之侵轶，兵不致亡也"。

为了解决"食兵"问题，魏源在致力于探讨漕政、河政、盐政的同时，也着手探讨兵政问题。

嘉庆二十四年（1819），陶澍由吏部掌印给事中外放川东兵备道。兵备道集地方行政、军务、监察于一身，级别为正四品。魏源对陶澍能出任这一要职感到兴奋，特题《陶云汀庚午出蜀入蜀图即送其观察川东之行》诗五首，为陶澍送行。同年冬，还专程前往重庆探望陶澍，并写下《蜀道行》《剑阁》等著名诗篇。

当时，从北京到重庆是一段漫长的旅程。陶澍于当年闰四月接到任命，同年十二月十一日才到达重庆。魏源如此不顾山高路远、蜀道难行之苦，除了重友外，也是因为对军事与地理的喜爱。他在《剑阁》中这样描写被李白形容为"一夫当关，万夫莫开"的剑门关：

> 石石欲刺天，石石怒争壁。
> 不见一鸟飞，但闻万马栗。
> ……
> 世界缩地入，万鬼拔山出。
> 落日照天南，绝峭横空墨。
> 凄凉战垒风，惨淡游子色。
> 奇从险极生，快自艰余获。
> 我身天外来，尽讶云中客。
> 河山两戒雄，喟矣二仪塞。

这些诗句，描绘出了一幅风雷滚滚、战鼓隆隆、万马奔腾、雄关巍峨、要塞坚固的壮观画面。

1822年，为了考察西北地理和军务，魏源又从北京前往古北口,给直隶提督杨芳(1770—1846)当家庭教师。古北口是山海关、居庸关两关之间的长城要塞,魏源在这里四处考察古战场遗迹,研究塞防和边疆地理,还与杨芳议论兵事。

1824年,魏源应湖南辰沅永靖兵备道、安徽桐城人姚兴洁之邀,到了辰州,纂《屯防志》和《凤凰厅志》,对当时的地方兵政,进行了一番系统而实在的考察与研究。

这一时期,魏源还在时任湖南提督的杨芳处结识了镇竿镇总兵(驻凤凰)陈阶平(1766—1844)。两人一见如故,交谈甚欢,"论当世巨人长者……相与喟然太息"。鸦片战争时期,陈阶平任福建水师提督,研制出了一种新式火药。借助这种火药,福建水师曾于1840年7月3日和8月22日两次击退入侵厦门的英军,陈阶平还在青屿水操台亲自指挥参将孙云鸿开炮,击中了距炮台10公里左右的英舰,并击碎其舢板一只。这样,陈阶平成了著名的抗英英雄,他的火药制作法被道光皇帝下诏推广,并被魏源收入《海国图志》。

除了与军方人士交流外,魏源还非常重视总结军事上的历史经验。他在编辑《皇朝经世文编》时,把兵政视为与财政同等重要的大政。其兵政纲共分为兵制、屯饷、马政、保甲、兵法、地利、塞防、山防、海防、蛮防、苗防、剿匪12目,子目数量与户政纲同列各纲之首，与户政纲共同成为全书分量最大的两个纲。1837年，魏源又编辑一部类似明朝经世文编的著作。为了突出富国强兵，该书只选了财政和兵政两大类，书名也定为《明代食兵二政录》，全书共78卷。

1826年，张格尔勾结外国势力在新疆发动分裂祖国的叛乱，杨芳奉命参战，最终于1828年生擒张格尔，为维护祖国统一作出了重大贡献。

1829年5月，杨芳来到北京觐见皇帝。道光帝对之恩宠有加，先后召见他20多次，赐紫缰，准紫禁城骑马，在紫光阁绘功臣画像，赏戴双眼花翎。杨芳60大寿之际，道光皇帝还为他亲自书写了"酬庸锡羡"的匾额，亲笔题写了"福寿"两个大字，杨芳因此而成为嘉庆、道光年间最为耀眼的将星之一。

声名如日中天的杨芳没有忘记魏源这个书生，特将魏源与徐松（前湖南学政）等人请到府中作客。龚自珍认为这种名将与名士的组合是"前未闻也"的"美谈"，特写《书果勇侯入觐》一文记载此事。

1830年9月，浩罕再次发起侵略中国的战争。2万多名侵略者分兵3路，分别攻打喀什噶尔、英吉沙尔和叶尔羌3地，英吉沙尔回城和喀什噶尔回城先后陷落。其时，清朝在喀什噶尔、叶尔羌、英吉沙尔和和田4个城市(合称为西四城)的驻军一共只有7000人，只能坚守城池，没有能力还击。

杨芳再次奉命出战，魏源请求一同前往，杨芳高兴地同意了魏源的请求。

魏源十分兴奋，很想与东汉初年协助大将窦融征战河西走廊的诗人、史学家班彪（班超的父亲）一样建功立业，写下了"好梦前窗赋北庭"的诗句。魏源的朋友们也十分羡慕他有这么好的机遇。著名地理学家邹汉勋在送行时赋诗道："大儿要执夷矛柄，貔貅百万颓从命。……忽闻祖生先著鞭，使我通宵不能瞑。"诗中把魏源比作东晋北伐名将祖逖。

1830年11月，魏源从北京出发，跟随杨芳出征新疆。

数万大军从各地首先赶到陕西集中，然后经泾川、严凉、定西到兰州，再经武威（凉州）、张掖（甘州）、酒泉（肃州）、嘉峪关、玉门、安西入新疆，增援前线。

同年10月17日，抵达阿克苏的部分援军已加固了阿克苏的防御。

同年12月初，1万余从阿克苏出发的清军先头部队到达叶尔羌，并打败围城的浩罕军队。

魏源一面行军，一面思考，写下了他的第一首《西师》诗，其中写道："虫生朽木非今日，蚁溃金堤自古防。"意为对浩罕的入侵与边疆少数民族借助外国势力叛乱之事，朝廷也要自我反省。

魏源还对此次西征的作战方案进行了琢磨，认为有些方案很可笑，如有人建议从山东运来20门大炮。因此，他在第二首《西师》诗中写道：

征兵远到黄龙府，挽炮翻驰回纥疆。
谁识百程劳往返，戎衣空压万驼霜。

同年12月，魏源随军到达嘉峪关。

魏源得知，西征军的前锋部队此时已经达到战略要地柯尔坪（今新疆柯坪县）。柯尔坪是继续西进的要道，1826年11月，杨芳率部将驻守柯尔坪的张格尔叛军3000多人全部歼灭，从而使清军在整个平叛战争中迈出了极为重要的一步。魏源得知部队又到柯尔坪，而且夺取了多座侵略者营盘，并直逼郅支城（今哈萨克斯坦南部江布尔州江布尔市）时，十分高兴，写下了他的第三首《西师》诗：

闻道前锋柯尔坪，万驼鱼贯月连营。
盘雕雪帐寒无梦，捣贼河冰夜有声。
夺气先争疏勒垒，长驱更相郅支城。
长安索米频西笑，如梦前霄赋《北征》。

胜利在望，魏源根据以往多次西征的教训，提出了要防止侵略者逃跑和战后在新疆屯田等建议。他的第四首《西师》诗这样写道：

> 征兵九道集轮台，羽檄甘泉日夜催。
> 黑水柳环营垒立，雪山梅伴战场开。
> 须防清野逃三窟，有几屯田遍九垓。
> 万里转输方孔亟，几时飞过白龙堆。

这里的"轮台"为今新疆轮台县，曾是汉代西域都护府的驻地，此次为西征军的集结地。"甘泉"代指今甘肃省武威市凉州区（境内有甘泉关），凉州位居河西走廊之门户要地，是朝廷与西征军往来公文传送的必经之地。"黑水"为今甘肃省张掖市境内的黑河，两岸树木郁郁葱葱，泉流清澈见底，是西征军的主要驻扎地。"白龙堆"位居罗布泊的中道，曾是古丝绸之路的通道，唐代仍有商贾途经，后成为危险的无人区，魏源在这里是用来泛指戈壁沙滩。西征军每月需要粮食15000石，运输任务艰巨，能否顺利地通过戈壁沙滩，魏源十分关注。

浩罕侵略者极其凶残野蛮，激起了新疆各族人民的反抗之情，就连在新疆的浩罕商人也反对这次入侵，当侵略军攻占喀什噶尔的回城时，有上千名浩罕商人来到仍由清军驻守的喀什噶尔满城，跪在城外向当局申述，他们不会支持侵略军。在这种背景下，当清军先头部队到达喀什噶尔的时候,浩罕军队早在5天前就撤到浩罕境内了。这样,西征很快就宣告结束。捷报传来,魏源大喜,写下了他的第五首《西师》诗:

捷书中夜过龟兹,共说杨家老战旗。
……
从此天山一扫定,凯歌杨柳劳归师。

由于西征军费开支巨大,朝廷方面传来了弃守新疆的声音。魏源听后大惊,在他的第六首《西师》诗中愤怒地责问:

谁陈釜画维州议,不顾唇寒都护危。
百战三朝西顾地,九秋诸将北征时。
庙谟若有姚崇在,肯割阴山付月支。

姚崇是唐代名臣,历经高宗、武则天、中宗、睿宗、玄宗五个皇帝,在其中三朝当过宰相。在他的力主和坚持下,通过采取屯田和兴修水利等措施,唐朝完成了对西域的收复与控制。

此时的中国还没有产生新的姚崇,但朝廷也没有采纳弃守新疆的建议,而是增兵7000人加强对南疆的防守,使南疆的总兵力达到了15000多人。

由于这次反浩罕入侵的战斗很快便结束，魏源到达嘉峪关后便没有继续西行。吴清鹏对此写道："魏子独奈何，尚跨玉关骑。书生走戎幕，万里空憔悴。"实际上，这是一段宝贵的经历，对魏源研究军事、军事史、西北地理、元史、丝绸之路，都有帮助。

阿芙蓉，阿芙蓉，产海西，来海东。
不知何国香风过，醉我士女如醇醲。
夜不见月与星兮，昼不见白日，自成长夜逍遥国。

长夜国，莫愁湖，销金锅里乾坤无。
涵六合，迷九有，上朱邸，下黔首。
彼昏自痼何足言，藩决膏殚竹谁守？

这是魏源《江南吟》中的第八首。这首诗指出，鸦片不但让吸食者生活在"长夜国"的黑暗之中，而且让整个中国乌烟瘴气，神昏智乱，上层糜烂，下层麻木，导致国防衰弱（"藩决"），国库空虚（"膏殚"）。这种思想，与林则徐后来说的鸦片泛滥可导致"中原几无可以御敌之兵，且无可以充饷之银"是完全一致的。

后来，魏源在《海国图志》中进一步明确指出："鸦片流毒，为中国三千年未有之祸！"

1840年6月，鸦片战争爆发，魏源担忧的"藩决"

问题终于发生。

鸦片战争爆发前夕，魏源正在镇江负责疏浚徒阳运河之事。战争爆发后，应召前往宁波，在钦差大臣、两江总督伊里布幕府协助处理军务。

1840年9月，定海村民送来一名英军俘虏，名叫安突德。这是一名炮兵上尉，1840年9月16日在定海盐仓青岭村一带测量地形时被村民包祖才率众抓获。

虎门抗英英雄——邓廷桢

魏源奉命前去审讯，1841年，魏源主要根据安突德的讲述，再加上来自《澳门月报》的报道和台湾所抓英军俘虏颠林的供词，写了《英吉利小记》一文，这是中国第一篇系统介绍英国的文章，涵盖了不少重要信息。

《英吉利小记》告诉中国人，英国只是一个欧洲小国，四面环海，地形与中国的台湾和海南岛相似。本土财政主要靠关税，每年约250万两洋银，也不算很富裕。但它在美洲、非洲、亚洲、大洋洲有很多属国。

这些属国给英国提供了巨额税收,其中仅孟加拉和孟买两个鸦片产区每年的税收就高达1200万两洋银,其他属国合计还有近200万两。由于"坐享鸦片之利",英国"富强甲西域,养兵十九万"。后来,魏源了解到,1839年,英国的税赋为4647.9万两。安突德所说的250万两,连其零头也不到。

《英吉利小记》还告诉中国人,英国粮食"皆仰给邻国。以濒海,专事贸易,故船炮讲求至精,与荷兰、佛朗机相等。于是凡商舶所至之国,视其守御不严者,辄以兵压其境,破其城,或降服为属藩,或夺踞为分国"。

这些信息,实际上已经告诉国人,只要中国"守御不严",英国或迟或早都要侵略中国。此外还告诉国人,英国虽小,但却是一个"富强甲西域""船炮讲求至精"的国家,前来侵略中国的英军,也是由当时英国六大月薪最高的军官之一的伯麦率领的精兵。

正当魏源"神飞说剑"(时住杭州的文化名人张文虎对魏源的形容),积极筹划海防时,议和派在朝廷占了主导地位。

1840年10月,主战派林则徐、邓廷桢被革职,清朝廷改派直隶总督琦善为钦差大臣,到粤"议抚"。琦善至粤,力反前任林则徐所为,遣散水勇,拆除海防,并擅自议订《穿鼻条约》,允许割地赔款。

得讯后,魏源怒不可遏,愤然离开伊里布军营,并写了《寰海》系列诗,其中写道:

孰使卉皮轻节钺,只因薏苡似珠琪。
不诛夏览惩贪帅,枉罢朱纨谢岛夷。

诗中所说的朱纨为明代抗倭名将,朝廷听信御史陈九德的诬陷将其革职,朱纨愤而自杀。此后,人们都不敢言抗倭之事,海防废弛,倭寇更加猖獗,荼毒东南沿海十余年。魏源借用这个典故批评朝廷轻重不分,良莠不辨,忠奸不明,不但不惩罚那些丢城失地的贪腐无能之官,反而将英勇抗战的林则徐革职。

谁奏中宵秘密章,不成荣虢不汪黄?
已闻狐鼠神丛讬,那望鲸鲵澥渤攘。

这首诗所说的荣夷公是周厉王的宠臣,虢石父是周幽王的宠臣,汪伯彦、黄潜善是宋徽宗的宠臣,都是一些导致国事败坏的著名奸臣。魏源认为,朝廷("神丛")依靠这样一些狡猾的狐狸,肮脏的老鼠,怎么能战胜像"鲸鲵"一样凶恶无比与贪得无厌的海寇呢?

功罪三朝云变幻,战和两议镬冰汤。

> 安邦只是诸刘事,绛灌何能赞塞防。

这里,魏源对道光皇帝的忽战忽和深感失望,对朝廷只信任满洲贵族深为不满。认为朝廷只相信满洲贵族("诸刘"),周勃、灌婴这样的名将又怎么有机会参与抵抗英国入侵呢?

虽然对朝廷深感失望与愤慨,但对国家危难还是必须关心,对抵抗外国侵略还是必须尽力而为。1841年3月,魏源再次应征,来到抗英最前线浙东,进入新任两江总督、钦差大臣裕谦幕府。

裕谦(1793—1841),蒙古镶黄旗(今锡林郭勒盟商都镶黄旗)人,是一个著名的禁烟派与主战派。1839年任江苏巡抚时,江苏的禁烟成果仅次于林则徐主持下的广东。

此次上任后,裕谦首先主抓定海防务。

当时的定海包括整个舟山群岛,海域面积22000平方公里,陆域面积1440平方公里,共有1390个岛屿,其中1平方公里以上的岛屿58个,最大的舟山岛陆地面积500余平方公里,为我国第四大岛。

1840年7月首次定海保卫战前,定海主要由水师防守,共部署了大小兵船21只,兵力1500多人,共有火炮170余门。1840年7月5日14时30分,英军开始攻打定海,只用了9分钟就将定海水师击溃,其

清杰出爱国将领——裕谦

后至1841年2月25日，定海被英军占领。

英军从定海撤走后，定海由定海镇总兵葛云飞、寿春镇总兵王锡朋、处州镇总兵郑国鸿率兵防守，兵力最多时达到5800人。定海三总兵根据上次失败的教训，决定主要依靠陆地防守来抵抗英军的再次入侵。他们提出了一个宏伟的守城计划，准备在定海港中的五奎山、吉祥门、大巨门、毛港、虎头颈等岛屿和晓峰岭都建立炮台，架设大炮。其核心部分是在县城外新建土城一座，自青垒头山起，环绕东岳山、道头至竹山门，全长约5300米，其中多数段落利用天然山势，人工墙约500米长，约4.5米高，底宽13米至24米，面宽10米至15米。另在东岳山巅修建震远炮城一座,周围400米。还在半山修建月城炮台一座,周围60余米。

这种防守是否有效呢?魏源前往定海进行实地考察。他发现,定海孤悬海外,面积不大,物产不丰富。在此驻扎重兵,只要英军一封锁海上交通,守兵就会陷入弹尽粮绝的困境。此外,定海县城靠近海滨,在军舰的炮击范围内,也难以防守。对于裕谦和定海三总兵引为自豪的土城,魏源认为,这座土城虽然坚固,可以抗击英军军舰的炮轰和英军的正面进攻,但它三面环山,如果敌人不正面攻城,而是首先抢占山头,守军又怎么办呢?如果守军分兵防守各个山头,哪里有那么多的兵力和火力呢?因此,魏源认为:"定海本不必守之地,而所修筑者又必不可守之城。"以重兵守定海,是卜策。

中策呢?

魏源认为,中策是"专守镇海"。

镇海位于甬江北岸,有招宝山屹立于海口,金鸡山位于甬江南岸,和招宝山互为犄角。甬江口外10余里处,有笠山、虎蹲、蛟门等岛屿,它们构成了镇海之屏障。甬江口经过堵塞后,入口极窄,大船无法进入。魏源认为,利用这些地势"专守镇海",可以使侵略者无法侵入。1883年至1885年的中法战争期间,镇海"防守完固,毫无损伤,实数十年洋人入华所仅见"。这种史例,证明魏源的判断完全是正确的。

魏源认为镇海虽然可以守，但并非上策，因为这只能御敌，而不能歼敌。

上策是什么呢？魏源认为，"严守宁波，佯退镇海招宝山，以诱入之。而后于甬江下游狭港塞其去路，乘风火攻者上策"。

上述这些意见，后来被魏源自己概括为："守外洋不如守海口，守海口不如守内河。"

如何防守内河呢？

魏源"千岩万壑梦回环"，在东南各地四处考察。

魏源估计，英军侵入长江后，"非北窥扬州，即西犯江宁（南京）"。二者之间，扬州水浅，英军不会出动大部队，可能只有几百人乘坐舢板前去侵犯，大股敌军最后会聚集在南京。

第一次鸦片战争

魏源认为，南京"外界沙洲数十里，江面极狭，而城内秦淮可藏火舟，可出火舟"，有利于对英军进行围歼。鉴此，他设计了一个南京围歼战的方案。"夷船惟火轮无风能行，其兵船货船，则无风不能动。攻之法，宜乘无风之夜，潮退之时以火舟水勇出水西门，顺流而下，以数小舟攻一舟……以数百火舟，攻数十兵艘。"同时，在下游部署火舟，"由运河出，由瓜洲出，由中闸出，各攻各舰"。魏源兴奋地设想："但使一夕无风，夷艘必无噍类。若得粤中水雷百具，水勇黑夜泅送各艘之底，一举而烬之，尤万全策。"（《海国图志》）

魏源对自己的设想充满信心，但战场上的情况则令他感到不安。

1841年6月10日至7月14日，林则徐在镇海军营协助裕谦筹办海防，前后共34天。7月14日，道光皇帝"以则徐前在粤省所办营务夷务均未能妥协，与前督邓俱从重发往伊犁效力赎罪"。奉旨后，林则徐离开镇海，在杭州休整了一些时间。8月暑退伏尽，林则徐带着眷属从杭州动身，拟由江苏、河南经西安，西行出关。

魏源听说林则徐到了镇江，便立即前去相见。在镇江码头的一间旅馆里，林魏两人抚今追昔，百感交集。对此，魏源形容为"与君宵对榻，三度雨翻苹"。交谈中，林则徐把在广州时搜集、翻译、出版的一部分外国资料及《四洲志》的手稿交给了魏源，嘱托他进一步搜集研究外国的情况和资料,迅速编撰一部让中国人了解世界的书。

次日,魏源与裕谦一起为林则徐送行,并赋诗两首:

其一
万感苍茫日,相逢一语无。
风雷憎蠖屈,岁月笑龙屠。
方术三年艾,河山两戒图。
乘槎天上事,商略到鸥凫。

其二
聚散凭今夕,欢愁并一身。
与君宵对榻,三度雨翻苹。
去国桃千树,忧时突再薪。
不辞京口月,肝胆醉轮囷。

清廷的抗英前线连林则徐这样的人也容不下,魏源留在裕谦幕府还有什么意义呢?

于是,魏源重回书斋,利用前所未见的新资料寻找救国救民的良方妙药,为中国的海防、塞防描绘更好的蓝图,也就是上述诗中所说的"方术三年艾"和"河山两戒图"。

四、海国大发现

鸦片战争让魏源看到了前所未闻的强敌,也让他看到了闻所未闻的世界、闻所未闻的文明。在此基础上,他提出了代表近代中国发展方向的历史性纲领——"师夷长技以制夷",也使中国与世界的海上联通之路首次在中国人的笔下完整地呈现出来。

1. 发现由海路连通的大世界

知己知彼是一个最基本的军事常识,然而,鸦片战争时期的清政府似乎不懂得这种常识。

鸦片战争前夕,1839年的《澳门新

闻纸》报道说:"中国官府完全不晓得外国的政事,又不询问考求,至今仍不知西洋。"

这并不是写这篇报道的作者的偏见,而是当时中国的一种群体性无知。

成书于乾隆八年(1743)的《大清一统志》,认为远在西欧的葡萄牙和荷兰与印度尼西亚的苏门答腊、爪哇相邻。嘉庆十六年(1811)敕修,道光十六年(1836)续纂的《重修大清一统志》,把荷兰、俄罗斯、佛郎机(有时专指葡萄牙,有时泛指葡萄牙、西班牙,有时还指法国)等西方国家都被列为中国的朝贡国,对地理方位、人文制度,全都模糊混乱。

对于这种现象,魏源在《海国图志》中批评说:"西洋与南洋不分。古里、琐里(皆明时东南亚岛国),皆南洋近国,而与荷兰、佛郎机同卷。意大里亚(意大利)处大洋极西,而与柯枝、榜葛剌(皆明代印度古国名)同卷,甚谓佛郎机近满剌加(马六甲),何翅秦越同席。"

鸦片战争并没有改变这种群体性无知,也没有多少人想认识世界。

1842年,在同英国打了两年仗之后,道光皇帝突然想到一些问题:英吉利到底在哪个方向?和俄罗斯是否接壤?与新疆有无陆路可通?

满朝文武,竟然没有人能够回答这些问题。

1842年8月,中英双方开始谈判。清政府竟然找不到自己的翻译人员，也可能没有想到要有自己的翻译人员。于是，中方的翻译工作，就交给英方的首席翻译官马儒翰和副翻译官郭士立、罗伯聃负责。他们或者有心，即让中英双方都能接受条款；或者无意，即他们的中文水平也有限，出现了很多翻译错误，从而使《南京条约》的中文本与英文本存在着一些重大差异。如"五口通商"中的"五口"，中文本写的是五个"港口"，英文本写的则是五个"城市"。

《南京条约》被清政府称之为"万年和约"，因此，条约签订后，朝廷对外部世界又没有什么兴趣了。1845年，因清政府赠送藏文《大藏经》，俄国政府回赠给清政府图书355种800多册。这些图书可分成21类，包括政治、经济、军事、文化、科学、技术、工艺、地理等等，仅地图就有22幅，另有地图册13本。理藩院收到这批图书后，"恐其书不伦，徒伤国体"，仅译出书名，便束之高阁了。

由于对世界一无所知，清政府虽然在战后采取了一些亡羊补牢的措施，但都不得要领。对于这种现象，魏源在1844年写诗《都中吟》感叹道：

> 筹善后，筹善后，炮台防江防海口。
> 造械造船造火攻，未敢议攻且议守。
> 船炮何不师夷技，惟恐工费须倍蓰。

江海何不严烟禁，惟恐禁烟激边衅。

为问海夷何自航？或云葱岭可通大西洋；

或云廓尔喀印度可窥乌斯藏；

或云弥夷（美国）佛夷（法国）鄂夷（俄国）辈，思效回纥之助唐；

或云诸国狼狈叵测可不防，使我议款议战议守无一臧。

呜呼！

岛夷通市二百载，茫茫昧昧竟安在。

题本如山译国书，何不别开海夷译馆筹边谟。

夷情夷技及夷图，万里指掌米沙如。

知己知彼兵家策，何人职司典属国。

魏源对清政府和国人的"茫茫昧昧"深为担忧，他在《海国图志》中特别强调说："明臣有言，欲平海上之倭患，先平人心之积患。"

什么是"人心之积患"？

魏源用了一个字来概括——"寐"，也就是后人常说的"昏睡"。

如何才能唤醒国人呢？

魏源认为："去伪，去饰，去畏难，去养痈，去营窟，则人心之寐患祛。""寐患去而天日昌，虚患（人才方面的积患）去而风雷行。"

"去伪，去饰"，就要拨开"天朝上国"的迷雾，开眼看一看真实的世界。

不懂外语，看不到多少外国书刊，没有结识多少外国人，更没有机会出国考察的魏源又怎么开眼看世界呢？

魏源十分幸运地从林则徐手中得到了那批珍贵资料。

那批资料是林则徐组织专人进行翻译的。当时在林则徐府中的主要译员至少有四位，即亚孟、袁德辉、林阿适、梁进德。协助工作的还有美国旗昌洋行的商人亨德，美国传教士、眼科医生伯驾，美国传教士、马礼逊教育社负责人、英华书院校长勃朗，洋船船医喜尔等外国人。在1842年中英南京谈判尚无中方翻译人员的历史背景下，林则徐组建的这个翻译队伍，不知有多么珍贵。

这批资料涉及面很广，包括了政治、经济、军事、历史、法律、地理等方面。涉及的报刊主要有《澳门月报》《澳门新闻纸》《澳门杂录》等，书籍主要有《世界地理大全》《各国律例》《对华鸦片贸易罪过论》，还有梁廷枏在海防书局收集的诸国禀件禁令等。

这批资料虽然是《海国图志》50卷版最重要的资料来源，然而，林则徐早在1841年5月就离开了广东，这批资料在时间点、注意力、视野、认识等各个方面还有很大的不足。例如，林则徐根据英国人慕瑞的《世界地理大全》译编的《四洲志》不但还是一个草稿，所介绍的国家也只有30多个，总篇幅不足9万字。因此，仅靠这批资料，还是写不出高质量的《海国图志》。

重视历史研究与经世学研究，让魏源发现了另一个资料宝库，即明末清初来华传教士的著作。

人类对世界的完整认识，得益于地理的大发现。在此之前的15世纪中叶，欧洲人所知道的陆地面积只占全体陆地的2/5，航海区域亦只有全部海域的1/10。

地理大发现始于1492年哥伦布发现美洲，结束于1778年库克继发现澳大利亚、新西兰后，又发现了夏威夷岛。通过这种大发现，到18世纪末，欧洲人对全球陆地和海域的认识基本就已经完成。

地理大发现的主要成果，实际上早在明末清初就已经由传教士介绍给了中国。

1601年，意大利传教士利玛窦（1552—1610）用12个类似屏风的长条拼成一张长3米、宽2米的世界总图献给明神宗，后被命名为《坤舆万国全图》。该图所绘制的世界海陆轮廓已基本完备，与今天的世界地图在总体样貌上相差无几，是当时世界上最全面、最精确的世界地图，其中约有一半名称是同期欧洲地图所没有的。

1623年，又一名意大利传教士艾儒略（1582—

1649）编译了中文版的《职方外纪》，这是我国最早的中文版世界地理专著。全书总共简要介绍了大陆国家42个、岛国（屿）21个及海洋名称27个。

清朝前期，又有一批新的世界地图在中国产生，其中，最为重要的为法国传教士蒋友仁于1767年献给乾隆皇帝的《坤舆全图》。这幅世界地图，图高1.84米，长3.66米，分东西两半球，球径各1.4米，涵盖了自16世纪至18世纪50年代的东西方地理调查和地理发现的各项重要成果，内容十分丰富。此图还用橘黄、蓝、青、绿、红5色标划区域，国界清晰，领土主权明确，"堪称中国和世界制图史上集大成杰作"。

自古以来，在中国人的观念中，"天下"就是"中国"，"中国"就是"天下"。虽然也承认中国周边还有很多国家，但认为那都是无足轻重的。因此，要承认中国的面积在世界上所占的实际比例，是一件很不容易的事情。

乾隆年间的大才子纪晓岚把《职方外纪》收入《四库全书》，但只是把它视为一种奇谈怪论。纪晓岚评论说，这本书"所述多奇异不可究诘，似不免多所夸饰。然天地之大，何所不有，录而存之，亦足以广异闻也"。雍正时期的大学士、首席军机大臣张廷玉更为尖锐地批评说：《职方外纪》以千余里之地名之为一洲，而以中国数万里之地为一洲，矛盾虚妄，不攻自破矣。

其所述外国风土物情政教，反有非中华所及者！纯粹荒诞不经！"

蒋友仁的《坤舆全图》献给乾隆皇帝以后，一直被锁在深宫密室之中。直到1799年，才由当时参加过文字润色工作的钱大昕（1728—1804）以《地球图说》为名而出版。出版时，钱大昕错误地认为，西方学者所说的地球为椭圆形，是因为他们"推算与测验"不准。为《地球图说》作序的阮元（1764—1849）更是对蒋友仁《坤舆全图》中介绍的哥白尼日心说进行了激烈的批评，说它"上下易位，动静倒置，则离经叛道，不可为训"。钱大昕、阮元是当时中国学界最优秀的学者，连他们都持中国人千百年来不可更易的观点，当时中国知识界的一般状况就可想而知了。

在这种文化背景下，尽管世界早就已经完整地展示在中国人面前，但中国人或者是视而不见，或者是视为奇谈怪论，最明智的人也是将信将疑。

鸦片战争前后，外国传教士继续向中国输入西方地理学知识。对于这些新资料，魏源非常感兴趣，在《海国图志》中引录英国人祎理哲的《地球图说》34处，马礼逊的《外国史略》60处、《每月统记传》26处。葡萄牙人玛吉士的《地理备考》约有60%的内容被《海国图志》100卷本引录，美国人裨治文编译的《美理哥合省国志略》也有部分内容被引录。

在上述背景下，魏源除了拥有林则徐交给的那批资料外，还收集了历代史志14种，中外古今各家著述70多种（其中外国人的著述20种左右），还有鸦片战争结束后香港英人送给清朝广州地方官府的"洋图"和一批官员的奏折。

在广泛搜集资料的基础上，魏源于1842年写成《海国图志》50卷，1843年1月刻印于扬州。1847至1848年，他将《海国图志》增补为60卷本，仍刊于扬州。1852年，他将《海国图志》再次扩充到100卷，刊于高邮。《海国图志》100卷本共88万字，另附有地球全图和各洲分图75幅，船炮器物图80余幅，《中西历法异同表》《各国教门表》等表近10幅。

《海国图志》是中国历史上第一部综合性的世界史地图志，介绍了世界各国的地理、历史、民情、风俗、科技、政治、军事等各个方面的情况，其思想深邃、内容丰富、影响深远，远超于之前的各种有关天文地理与世界知识的著述。

"不披海图海志，不知宇宙之大、南北极上下之浑圆也。"

"纵横九万里，上下数千年者，惜乎未之闻焉。"

《海国图志》以极其宏伟的气势，向国人展示了一个闻所未闻的世界。通过这部巨著，中国人可以清楚地看到，"天下"比中国要大得多。今天的数据显示，中国的陆地面积约占世界陆地面积的 1/15，中国海陆总面积占地球总面积的 1.88%。这种今天已经成为常识的事实，对当时的中国人来说，是一种极大的震撼。

《海国图志》不但向世人展示了世界之大，还向世人展示了一幅以海洋网络联通的新的世界图景，向世人揭示了世界是一个相互联系的整体的新世界观，并向世人提供了一个观察世界的新视野——海洋与海路。

魏源发现，世界各大区都与海洋相连。因此，他把东亚与东南亚，分别称为"东南洋海岸各国"和"东南洋各岛"，南亚各国称为"西南洋五印度"，非洲称为"小西洋利未亚"，欧洲称为"大西洋欧罗巴"，俄罗斯称为"北洋俄罗斯"，美国称为"外大西洋弥利坚"。

魏源发现，海路远比陆路便于联通各国与世界。"五印度与欧罗巴绕地数万里。而火轮遄驶不过四五旬，大则军旅，小则贸易，往返传命，有如咫尺。不疾而速，不行而至，非天下之至神，其孰能与于斯。"

魏源发现，海路的军事意义比陆路大。例如，"俄与英之国都中隔数国，陆路不接，而水路则由地中海与洲中海（北海与波罗的海），朝发夕至"。印度"去英夷本国数万里，英夷以兵舶据东、南、中三印度，而俄罗斯兵，则由黄海、里海间取游牧诸部亦与西、中二印度接壤"。

魏源还发现，海路是最好的富民强国之路。

魏源了解到，欧洲在中国秦汉时期曾经有繁荣富强的希腊罗马时代，但在罗马帝国灭亡后，"欧罗巴余邦皆遭大幽暗，世衰道微，国人卤莽"。欧洲的崛起，始于大航海。魏源介绍说，欧洲人得知"印度等东方之富丽丰饶"，便开始乘船前来。在这种过程中，欧洲人发现了中国的火药、火器，"诸国讲求练习，尽得其妙。又变通其法，创为鸟枪用以攻敌，百战百胜。以巨舰涉海巡行，西辟亚墨利加全土，东得印度南洋诸岛国，声势遂纵横于四海"。"况新寻得各洲，渤然复兴，创造印撰书籍，百工技艺，交接贸易，故诸史推今世为极盛。"（《海国图志》）

魏源了解到，"英吉利本国地形褊小"，"夐然三岛，不过西海一卷石。揆其幅员，与闽广之台湾琼州相若"。"而生齿最繁，可耕之土，不足供食指之什一。""即使尽力沃土，而地力之产能几何？所以骤致富强，纵横于数万里外者，由于西得亚墨利加，东得印度诸部也。……英国人既得五印度，渐拓而东南。……小西洋，即印度海利权，归掌握者八九矣。再东则中国之南洋诸岛国……澳大利一岛，孤悬异域，广漠无垠，野番如兽，英人亦极意经营欲收效于数十年、数百年之后。……盖四海之内，其帆樯无所不到，凡有土有人之处，无不睥睨相度，思朘削其精华。"

魏源这种筹议天下局势的思路，在近代中国是一个历史性的转变,代表着先进的中国人开始从传统的"大陆国"思维向"大海国"思维转变,从传统的大陆格局向海洋格局转换。但是,爱好和平的中国又不可能像英国那样对世界各地"无不睥睨相度,思朘削其精华"。这样,如何在一片震荡摇撼的海国世界图景中寻找中国的新定位,又让魏源及后来的中国人感到迷惘和困惑。魏源当年提出与思考的很多问题,仍然需要今天的中国人继续思考,并进一步发现、提出、思考和解决新的问题。

2.发现因航海而兴起的新文明

魏源不是一个普通的书生,而是一个有丰富参政经验甚至还有经商经验的思想家。

他筹办过漕粮海运。漕粮海运只是从上海沿海岸将粮食运到天津,同欧美各国纵横四海、穿越大洋的航海相比,有天壤之别。然而,漕粮海运还是只暂行一年就中止了。

他筹办过票盐改革并亲自做过票盐生意。这种改革,只是将食盐由垄断经营改为自由经营,其阻力仍是极其巨大,经营起来仍是非常困难。与此相比,欧美各国商人漂洋过海前往数万里之遥的异国他乡开埠经商,真不知有多么艰难。

有了这些亲身经历，魏源深切地认识到，大航海的背后，必然有一整套文明体系。这种文明，不但不同于大陆文明，即也不同于古代那种区域性的海洋文明，而是一种崭新的文明，是全球化时代的海洋文明。

在《海国图志》中，魏源大体上向国人介绍了这种新海洋文明的几个特点：

其一，放眼全球，纵横四海。

历史上，英国建立过一个号称"日不落帝国"的殖民帝国。这个帝国，包括领土、自治领、殖民地、托管国及其他由英国管理统治的地区在内，面积达到约3400万平方千米，为英国本土的100倍，覆盖了地球上包括南极洲在内的七大洲的1/4的土地和1/4的人口，是世界历史上跨度最广的国家。

俄罗斯急起直追，到1876年，俄国已经占领了1700万平方千米的土地。

法国也不甘落后，盛时殖民地面积达1234.7万平方千米。

欧美各国纷纷跟进，到1914年，殖民国家及殖民地面积已占全世界85%的陆地面积。

欧美各国如此纵横四海，走遍全球，充满了战争、侵略、掠夺，但也建立了一种推进全球一体化发展进程的海洋文明。人们应当谴责其侵略性，但不能放弃其全球化意义。反抗侵略也不能闭关锁国,以世界一隅来应对整个世界。今日中国倡导的"一带一路",被人称为全球化的2.0版,就是要用和平友好、共同发展的全球化来取代血腥暴力、侵占掠夺的全球化。

其二,民气强劲,文明度高。

万事人为本。远洋航行非懦弱者与愚笨者所能为,必须有足够的胆量、良好的装备和成熟的技术。特别值得注意的是,欧洲各国的航海行动,虽然有政府参与,但其主体是民众。就连侵占印度这样的大事也是由东印度公司而不是由英国政府主持完成的。深为"人心之寐患"与"人才之虚患"担忧的魏源对欧美各国的民气强劲、文明度高印象深刻。当他读到欧洲历史时,不由发出这样的感叹:"《地理备考》之欧罗巴洲总记,上下二篇,尤为雄伟,直可扩万古之心智。"

对欧美各国的民气强劲、文明度高。魏源在《海国图志》中介绍说:

> 欧罗巴人极意搜求新地,得片土即经营垦拓,遂使万古穷荒之僻岛,毕献精华,壮哉!

> 英国人矫健,鲜疾病,重信义。男女肌肤白,睛或蓝或白或黑,常衣呢,冠用毡,剃须发,性好洁,洗浴,

气候或暖或凉,故终年穿暖衣,内着汗衫,一日数换,民多寿。

(英国人)爱洒扫,晨则饮茶,食乾糇、酥油、冷肉。午则小食,大餐用牛、羊、鸡、鹅、饼面,饮小酒。饱后始饮葡萄汁,以牛肉为上膳。

(英国)百姓尽崇正教,通文字。自弃旧俗,权势益增,民人敢作敢为。兵船出巡四海,屡拒退外国之兵。且文艺大兴,博览经典、法术、武艺,不可胜数……学者无不通习文艺,如国史、天文、地理、算法,不晓者则不齿于人。

(英国)国中无论男女,皆习文艺,能诗画,兼工刺绣。婚姻必男女自愿,然后告诸父母,不用媒妁,惟拜教主,祈上帝……

(英国人)人性强悍,好上人,荷兰等国皆畏之推为盟主。以时聘问,数年一会,各酋长至其国以申盟约,宴游累月,方各登航以归,惟米利坚夷不与相下。

(美国)国人皆好音乐歌唱,故有吹弹敲戛各器,童蒙即有乐师教之。又有画地理、山水、人物、花卉、鸟兽之工，次则雕刻之工，又其次则建华屋，筑高桥等工。或有能创新出巧，如火轮船及水火织布之类，则地方官奖励之。

米夷常指英夷为山狗性，如稍畏让，彼必追来，一返身相向，反曳尾而去，故兵虽解，终不往还也。

（法国）其俗人人喜武功，军兴则意气激扬，面有矜色。临阵跳荡直前，议不返顾，前队横尸杂遝，后队仍继进不已。获胜则举国欢呼，虽伤亡千万人不恤，但以崇国威全国体为幸。其酋长沈鸷好谋，知兵者多。水战陆战之法，无不讲求。又好用纵横之术，故与诸国交兵，常十出而九胜。

最后，魏源得出了一个结论："诚知夫远客之中有明礼行义，上通天象，下察地理，旁彻物情，贯通今古者，是瀛寰之奇士，域外之良友，尚可称之曰'夷狄'乎。"

其三，教育发达，文化昌明。

当中国的孩子仍在那里摇头晃脑地读着《三字经》，中国的学子仍在那里"书小楷，诗八韵，将相文武此中进"（魏源诗句）的时候，欧美各主要国家已经建立起了类似现代教育的教育体系。

魏源对欧美各国的教育十分羡慕,在《海国图志》中做了这样一些介绍:

欧罗巴诸国皆尚文学。国王广设学校,一国一郡有大学、中学,一邑一乡有小学。小学选学行之士为师,中学、大学又选学行最优之士为师,生徒多者至数万人。其小学曰文科,有四种:一古贤名训,一各国史书,一各种诗文,一文章议论。学者自七八岁至十七八岁。学成,而本学之师儒试之。优者进于中学,曰理科。有三家,初年学落日加(逻辑学),译言辩是非之法。二年学费西加(自然科学),译言察性理之道。三年学默迭费西加(形而上学),译言察性理。以上之学总名斐录所费亚(哲学)。学成,而本学师儒又试之,优者进于大学,乃分为四科,而听人自择。一曰医科,主疗病疾。一曰治科,主习政事。一曰教科,主守教法。一曰道科,主兴教化。皆学数年而后成。

又四科大学之外,有度数之学,曰玛得玛第加(数学)。……此学亦设学立师,但不以取士耳。小儿自二岁以上,又立赤子学,女人办之。

(法国)城中学馆最大。又民间小学二万八千九百六十三所,学生计二百二十余万名。其大学院三百五十八所,学生三万二千名。会学院一百所,学士二万三千六百名。

（英国）国学生馆计三万八千间，入学者百二十七万余人。用费或自出，或捐自他人，或出自国家。

（美国）每乡设学馆一所……又有县中学馆，有无多少不定。……更有会城中学馆，多少无定。……学者每年考试一场，取中者入馆内，如中国之秀才。习学以四年为例，不遵律戒，不待四年亦可以逐之。既习四年，则如中国之举人矣。散馆后，或为官，为士，为农，为工，为商，而各司其事。……别有大学馆，惟许已中举者进焉。所学有三：一圣文，二医治，三律例规条，二者不可兼得。又以三年为期，期满则犹中国之进士矣。……会城学馆，每部一二所不等，三四所不等，惟进部者，通融计算，约八九十所。……圣文大学馆，国内约三四十所，每所师四五位，受业者约七八十人。又医治大学馆，约三四十所，每所延为师者约七位，其徒数十人。习律例之馆，师徒多寡，亦与医馆大同小异。……除普鲁社一国外，恐无似其文教者。……人材辈出，往往奇异。

魏源认为，当时中国的科举考试"锢天下聪明智慧使尽出于无用之一途"，饱学之士"罔知漕、盐、河兵得失何在，有奋志讲求抱负宏远之人，反群笑为迂阔"。面对欧美各国的教育，魏源大声呼吁："以实事程实功，以实功程实事。艾三年而蓄之，网临渊而结之，毋冯河，毋画饼，则人才之虚患祛。"（《〈海国图志〉叙》）

这种呼吁比"师夷长技"的建议还难以让清政府接受。《海国图志》出版 20 多年后，中国才有少量类似实科中学的洋务学堂出现，50 多年后才有中国政府所办的第一所大学——京师大学堂成立，再过数年后才有一批新式中小学校产生……

其四，技术进步，工业发达。

魏源深知从欧洲远航到中国在技术上的难度，他说："欧罗巴……其人情性缜密，善于运思，长于制器。金木之工，精巧不可思议。运用水火，尤为奇妙。火器创自中国，彼土仿而为之，益加精妙。铸造之工，施放之敏，殆所独擅。造舟尤极奥妙，篷索器具，无一不精。测量海道，处处志其浅深，不失尺寸。越七万里而通于中土，非偶然也。"

其五，军队强大，护商有方。

魏源亲眼看到，鸦片战争时期，"夷兵舰大小不过五十艘，其攻城上岸不过二三千人"，然而，中国"征兵半天下"，"重集于粤，而粤败涂地；重集于浙、于江，而江浙又败涂地"（《筹海篇》）。

魏源还看到了欧洲军队与远航商人的关系，他认为，在"西国恤商之政"之中，"尤要者，则曰以兵船保护商船之法。如商船在海遇仇国及海贼来攻，则国之师船迅速而来，或护其前，或殿其后，待商船各驶去收港，而师船列阵交战以退敌。凡交战之际，商船皆不得出港。倘擅动蹈危，则担保会中，不偿其所失。凡各埠贸易之银，皆由师船递寄，故师船寄课，为万全无失之策"。他还说："且佐行贾以行兵，兵贾相资，遂雄岛夷。人知鸦烟流毒为中国三千年未有之祸，而不知水战火器，为沿海数万里必当师之技，而不知饷兵之厚，练兵之严，驭兵之纪律，为绿营水师对治之药。"

其六，"贩海为业"，"自有章程"。

"欧罗巴各国皆以贩海为业"，他们为什么能到远在数万里之外的地方获得厚利呢？

魏源注意到，法制是根本保障。

首先，官商关系是一种法制化的关系。

《海国图志》这样写道："三五富人，群居谘议，欲占据其国之某地。告知国主许往，凑合钱粮，即抽拨各处之兵船，令往攻取。若战胜得地，其地利益，国主与出资之人均分，自有章程。前者夷兵到澳门，登岸进至黄浦，乃夷商公司所为，其明征也。"

其次，企业制度非常重要。

魏源是近代中国对西方资本主义股份公司组织形式的最早引介人,他在《海国图志》中对西洋人商业组织意义上的"公司"作了最早的描述。"西洋互市广东者十余国,皆散商无公司,惟英吉利有之。公司者,数十商辏资营运,出则通力合作,归则计本均分,其局大而联……方其通商他国之始,造船炮,修河渠,占埠头,筑廛舍,费辄巨万,非一二商所能独任,故必众力易擎,甚至借国王赀本以图之,故非公司不为功。"

对于公司的具体组成情况,魏源也有所介绍:"英吉利既常来,遂于乾隆四十几年间创立公司。公司者,国中富人合本银设公局。立二十四头人理事,于粤设总理人,俗谓大班、二班、三班、四班。外有荼师、写字、医生,及各家子弟来学习者,共数十人。其初设公司,所来呢羽,立股分售与洋商(经营海上运输与贸易的中国商人),总商有三股、四股者,散商有两股、一股者。所买茶即以股分为则,其茶价照客价明加,每石有银十两、八两不等,名曰饷磅,以此重唉洋商。收茶时,用以上下其手。"

魏源还注意到,现代金融制度对工商业与航海有着重要影响。

《海国图志》这样写道:"中国以农立国,西洋以商立国,故心计之工,如贾三倍。其国所立规制以利上下者,一曰银票(货币),二曰银馆(银行),三曰挽银票(汇票),四曰担保会(保险公司)。……"

魏源认为,上面说的银票、银馆、挽银票,"中国皆有此例,惟担保会,则中国无之"。这里的"担保会",就是保险公司。在《海国图志》中,魏源介绍了三种保险,一是"船担保",即海上保险;二是"命担保",即生命保险。三是"宅担保",即火灾保险。对"船担保",魏源具体介绍说:"舟航大洋难保沉覆。假如船价二万元载货五万元出海,每月纳会银为会中公费。如或船货有失,视其损失之分类,如仅桅折货湿,会中如数补偿;如或全船沉溺,则会中即偿其半,但必实报实验。众力恤灾,从无推却。""虞船货之存失不定,则又约人担保之。设使其船平安抵岸,每银百两给保价三四元,即如担保一船二万银,则预出银八百元。船不幸沉沦,则保人给偿船主银二万两。"

这样,《海国图志》就成了中国第一部介绍西方保险思想和实务的著作。

其七,"变封建、郡县官家之局,而自成世界"。

魏源还介绍欧美国家的政治文明,第一次为古老的中华帝国引进了"民主共和""民主选举"的新观点和新事物,迎来了中国近代民主政治思想文明的曙光。

在欧美各国的政治文明中,魏源最推崇的是美国的政治制度。他说:"育奈士迭(合众国音译,即美国)遽成富强之国,足见国家之勃起,全由部民之勤奋。故虽不立国王,仅设总额(总统),而国政操之舆论,所言必施行。有害必上闻,事简政速,令行禁止,与贤辟所治无异。此又变封建、郡县官家之局,而自成世界者。"(《海国图志》)

魏源还用中国传统的君子观,对美国富有诗意地赞美道:

> 呜呼!弥利坚国,非有雄才枭杰之王也,涣散二十七部落,涣散数十万黔首,愤于无道之虎狼英吉利,同仇一倡,不约成城,坚壁清野,绝其饷道,逐走强敌,尽复故疆,可不谓武乎!
>
> ……愤逐英夷者弥利坚,而佛兰西助之,故弥与佛世比而仇英夷,英夷遂不敢报复,远交近攻,可不谓智乎!
>
> ……一变古今官家之局,而人心翕然,可不谓公乎!
>
> 议事、听讼、选官、举贤,皆自下始。众可可之,众否否之,众好好之,众恶恶之,三占从二,舍独洵同,即在下预议之人,亦先有公举,可不谓周乎!
>
> 中国以茶叶、大黄岁数百万济外夷之命,英夷乃以鸦片岁数千万竭中国之脂。惟弥利坚国邻南洲,金矿充溢,故以货易货外,尚岁运金银百数十万以裨中国之币,

可不谓富乎!

富且强,不横凌小国,不桀骜中国,且遇义愤,请效驰驱,可不谓谊乎!

在痛感"鸦烟流毒为中国三千年未有之祸",痛感中国"征兵半天下"却被"兵舰大小不过五十艘,其攻城上岸不过二三千人"的英军打得一败涂地的背景下,魏源没有被鸦片的毒烟和侵略军的炮火迷乱心智,而是冷静、客观地观察这些文明的强盗,将列强的侵略行为与其富强之道区别开来,从而对西方文明有了比较全面和客观的认识,为中国选择"当师之技"清除了思想障碍。

3."师夷长技","中外一家"

"师夷长技以制夷",是魏源最重要的思想,是19世纪中后期对中国影响最大的思想,是中国近代史上对中国社会经济发展与军事进步推动最大的进步思想之一,对现代与当代中国也很有影响,并且永远都是中国人不能忽视的一种重要思想。

"善师四夷者,能制四夷。不善师外夷者,外夷制之。"

任何国家,任何民族,任何人,永远都要学习他人的长处，而且要善于学习他人的长处。魏源不但石破天惊地提出了"师夷长技以制夷"的口号，而且在如何"师夷"方面也进行了积极的探索，对如何"善师四夷"提出了不少宝贵意见。

魏源说："夷之长技三：一战舰，二火器，三养兵练兵之法。"

如何在战舰、火器方面"师夷长技"呢？

魏源首先考察了西方各国的造船制炮情况。他说："（西方各国）各埠中皆有造船之厂，有造火器之局……其工匠各以材艺相竞，造则争速，驶又争速，终年营造，光烛天，声殷地。是英夷船炮在中国视为绝技，在西洋各国视为寻常。"

根据西方各国的经验，魏源建议在广东虎门设立一个造船厂和一个火器局，聘请一两个法国人和一两个美国人负责，由他们携西洋工匠前来"司造船械"。同时还聘请西洋技师与教官，负责教练"行船演炮之法"。中国政府则选巧匠前来学习造船制炮技术，选精兵学习驾驶与用炮技术。这样，就可以"尽得西洋之长技为中国之长技"，"不必仰赖于外夷"。

在考察西方各国的造船制炮情况时，魏源思考了一个问题：战舰、火器的用量是有限的，为什么他们的造船厂、火器局会终年不息地进行制造呢？

魏源发现，这是因为"船厂非徒造战舰也"。战舰技术成熟后，商艘"必争先效尤"，各国各地商人"亦必群就购造"。因此，"战舰有尽，而出鬻之船无尽"。"火器亦不徒配战舰也……鸟铳、火箭、火药，皆可于此造之。此外量天尺、千里镜、龙尾车、风锯、水锯、火轮机、火轮车、自来火、自转碓、千斤秤之属，凡有益民用者，皆可于此造之。是造炮有数，而出鬻器械无数。"

魏源还进一步认识到，舰船火器是人类智慧的产物，它们的意义也不全在其实用价值。他说："今西洋器械借风力、水力、火力，夺造化，通神明，无非竭耳目心思之力。"中国学习制造，就能"风气日开，智慧日出，方见东海之民，犹西海之民"。

魏源提出的"师夷长技"思想，在经历了20多年后，终于被中国人所普遍接受。但他所提出的"善师外夷"思想，至今仍是一个人们正在努力探索的问题。

火器的使用，将战争从冷兵器时代带入热兵器时代，军队也随之发生了革命性的变化。魏源将"养兵练兵之法"与战舰、火器并列为西方国家的"三长技"，这是非常有见地的。

学习西方的"养兵练兵之法"，是近代中国强国的必由之路。

冷兵器时代，欧洲各国基本上都没有常备军，军

洋务运动的代表——曾国藩

队由平时散居各地，战时才集中起来的贵族及其子弟组成。这种兵制，简称骑士制度。

火器出现后，军队需要大批专业的枪手、炮手、舵手、水手，从而打破了贵族对军队垄断，雇佣军制度逐渐取代了骑士制度。

资产阶级革命时期，英、美、法三国产生了一种由国会授权成立的国民军。以此为先导，欧洲各国在19世纪进行了一轮新的军事改革。主要内容是废除雇佣军，组建兵员全部来自本国公民的国民军。

这场改革经历了很长一段时期，《海国图志》这样记载说：

（欧洲）有邪教异国，恃强侵侮，不可德驯，如鞑而鞑（鞑鞑，泛指蒙古人及在蒙古帝国扩张时期随蒙古人进入欧洲的其他草原游牧民族）、度尔格（奥斯曼土耳其帝国）等者。本国除常设兵政（义务兵）外，又有世族英贤、智勇兼备者，尝以数千人结为义会（即共济会），大抵一可当十，皆以保国护民为志。其初入会者，试果不惮诸艰，方始听入焉。……遇警则鸠集成师，而必能灭寇成功。他国亦有别会，俱仿佛乎此，即国王亦有与其会者。此又欧罗巴武备之大略也。

如何学习西方的养兵练兵之法呢？

魏源提出了筹饷优养、精选勤练、从严节制、军民结合的方针。

魏源认为"欲选兵练兵，先筹养兵兵饷"。他指出，这并不需要增加军费，只需要"汰其冗滥"就可以了。例如，"粤省水师将及四万，去虚伍计之不及三万，汰其冗滥，补其精锐，以万五千人为率。即以三万有余之粮，养万五千之卒，则粮不加而足"。这样，就可以"不增一饷一兵 而但裁并冗滥之兵饷"。魏源还认为，如果兵力部署得当，不胡乱调动，还能"以五兵之费养一兵，练益精则调益寡，调益寡则费益省。以所省者练兵，兵何患不精，费何患不给"（《海国图志·筹海篇》）。

当时中国的军队是实行世袭兵制的八旗、绿营。有识之士早就认为这种军队无可救药。魏源还没有想到像稍后的曾国藩建湘军那样另起炉灶，但他已经提出了事实上要重建中国军队的主张。他提出要从各地区招募勇敢善战的人,重建一支"水陆各半"的"精兵"。这支"精兵",事实上是一支重建的新军队。例如,"(水师)必凭选练,取诸沿海渔户枭徒者十之八,取诸水师旧营者十之二,尽裁并水师之虚粮、冗粮,以为募养精兵之费。必使中国水师可以驶楼船战于海外,可以战洋夷于海中"。魏源在这里提出的关于建立强大水军与敌战于海上的主张,不仅体现了积极防御的海防战略思想,而且是由重陆守向重海战的重大转变,标志着制海权思想的萌生,对于加强海防建设具有重要指导意义。

对于军官的选拔,魏源也建议"师夷长技"。他说:"国家试取武生、武举人、武进士,专以弓马技勇,是陆营有利而水师无科。西洋则专以造舶、驾舶、造火器、奇器,取士抡官。上之所好,下必甚焉,上之所轻,下莫问焉。今宜于闽、粤二省武试增水师一科,有能造西洋战舰、火轮舟、造飞炮、火箭、水雷、奇器者,为科甲出身。能驾驶飓涛,能熟风云沙线,能枪炮有准的者,为行伍出身。皆由水师提督考取,会同总督拔取,送京验试,分发沿海水师教习技艺,凡水师将官必由船厂、火器局出身,否则由舵工、水手、炮手出身,使天下知朝廷所注意在是不以工匠、舵师视在骑射之下,则争奋于功名,必有奇材绝技出。"(《海国图志》)

对于军队训练,魏源提出了"心灵胆壮,技精械利"

的八字方针。

"心灵",就是有文化,基本素质好。魏源指出"江北颖、毫、寿、泗、徐、沛之民,家家延教师,人人佩刀剑,或一人能负放大炮矣"。因此,"近日战定海,保松江者,皆寿春之兵"。

"胆壮"就是官兵应具有临危不惧、勇于杀敌的高昂士气和大无畏的精神。魏源认为:"漳、泉、惠、潮之民,械斗则争先赴敌,顶凶则视死如归矣。舟战则出没风涛,如履平地矣。……仪征下河贩盐小舟八捍舟,持械冒险,莫敢谁何矣。此其胆何待选,武艺何待教?"因此,他建议:"专选惠、潮、漳、泉四府,精训练而严节制之,以此推诸浙东江北。岂但国家增无数之精兵,而且沿海销无数之械斗,中原收无数之枭匪。"魏源的这种建议,看似有地域偏见,实际上是对海战特殊要求和区域文化的一种精要把握,因而得到了历史的证实。从晚清到1945年,闽系海军一直是中国海军的主体。1932年官方公布的统计数字显示,当时的海军军官中,福建人710名,江苏人50名,浙江人20名,广东人19名,其他各省可以忽略不计。

"技精",就是精通各种武器和战法。魏源指出,鸦片战争中,各海口与要塞都配置了很多火炮,但由于士兵"施放不熟,测量不准",很难击中敌舰。这种教训表明,如果不加强训练,即使有先进的武器,也只能资敌而不能制敌。他针对清军水师终年停泊、不常驾驶，巡洋会哨徒具虚文等弊病，提出由水师保护海上粮运，使训练与护航结合，提高官兵的海上航行与作战能力。用魏源的话说，就是"以粮艘由海运，以师艘护海运"，使"师船无所巧遁，而必涉大洋"，这样他们的技艺就"不敢不熟"了。

"械利"，就是军队应装备先进的武器。魏源除了提倡设局办厂，在外国技师帮助下制造改进船炮外，还在《海国图志》中用将近1/5的篇幅，图文并茂地介绍中国的兵器专家和士绅、官吏，在仿制外国战船、枪炮、炮弹、火药、水雷等制造技术方面所取得的成就，希望这些研究成果能在国内推广。

在从严节制方面。魏源告诫将帅们："兵贵纪律。""凡破军擒敌之道先在自治"，因此"治军如治国"，必须使士兵"人从知军法军情"；同时要"赏不遗贱，而罚不贳贵"，做到"赏罚严明，将士用命"。他认为如果能这样严格管理军队的话，那么就能够"兵过境不犯兵过境而民不知役"。这种带兵的人才算是"能治军""能破贼"的将帅。

魏源还提出了"器利不如人和"的名言，强调指出只有将帅率先垂范，严于律己，关心士兵和民众疾苦，才能有效地改善官兵关系和军民关系。这样，到了战场上才能将士一心，臂指呼应，具有与敌拼杀的勇气和决心。

总之,魏源希望通过"师夷长技","而后合新修之火轮,战舰,与新练水犀之士,集于天津,奏请大阅,以创中国千年水师之未有之盛"。

对于欧洲各国的"义会",即志愿军、义勇军制度,魏源特别欣赏,认为中国也有"可团之义勇",要抗击侵略,就要充分发挥"义民""义勇"的作用。

清代军事改革家、民族英雄——左宗棠

魏源指出:"沿海民风强悍,岂无数千可团之义勇?""其中有一二人能号召数百二三千人者,非有乌获之力,猗顿之财,而信义意气,能豪一方。其人皆偏裨将才,其所属皆精兵。"他还指出:"三元里之战,以区区义兵围夷酋,斩夷帅,歼夷兵,以款后开网纵之而逸,孰谓我兵陆战之不如夷者。""广东之斩夷酋、捐战舰者皆义民,两禽夷舶于台湾,火攻夷船于南澳者,亦义民。"(《海国图志》)

鸦片战争时期，英国最大的长技实际上还是蒸汽机。

魏源最初对蒸汽机并不了解，1842年12月成书的《海国图志》50卷本没有专门写到蒸汽机。在继续研究中，魏源发现了蒸汽机，因而在《海国图志》60卷本中增加了轮船、机器各图说。100卷本进一步补充了这方面的内容，介绍了火轮车、船的特点和构造，大力提倡制造火轮船，对我国早期蒸汽机和火轮船的研制起到了宣传、启发作用。

对自己刚刚有所了解的蒸汽机轮船，魏源介绍说：

火轮船者，中立铜柱，下空其内烧煤。上设机关，火焰上，即自运动。两旁悉以车轮自转以行，每一昼夜可行千里，自该处至粤，仅三十七日。据夷人云，道光初年始创造，不能装货，以通紧急书信而已，斯一奇也。

弥利坚与欧罗巴隔海数月程，五印度与欧罗巴绕地数万里，而火轮遄驶不过四五旬。大则军旅，小则贸易，往返传命，有如咫尺。不疾而速，不行而至，非天下之至神，其孰能与于斯。

魏源还看到了蒸汽机引起的工业革命，他说：

（英国）制造之匠，纯用火机关。所借以动机关者，煤炭。每年出煤五万二千五百余万石，矿深一百三十九丈。每年以一千二百万石制火炮、刀剑，约价银五千一百万两，作工者三十万人。

（英国）机房织造不用手足，其机动以火烟，可代人力。以羊毛与棉花纺成洋布、大呢、羽毛，皆自然敏速。道光十八年（1838）所制出丝绸、布帛、铜器、百货，计价银三百万两有余。绵布计银万有二千四百万两，绵线计银二千七百六十万两，铁条与铁器计银九百四十万两，麻布计银九百六十万两，羽呢等货计银千有三百八十万两。共计一年运出之货，价银二万一千六百四十万有余两，而国内所用货物不在此数。皆务工勤商，早夜经营之效。由人烟稠密，户口繁滋，田园不足于耕，故工匠百有三十五万户，多于农夫三之一。不止贸易一国一地，乃与天下万国通商也。

1825年，英国修建了世界上第一条以蒸汽机牵引的铁路，西方国家又出现了一项后来引发交通革命的重大"长技"——火车。对此，《海国图志》也有介绍：

西洋贸易不但航海，即其在本国水陆运载，亦力求易简轻便之术：一曰运渠，一曰铁路。

然地有纤曲高下，不可行火轮者，惟在填平道路，将碎石墁地，使其平坦，两旁轨辙以铁为槽，行时溜转如飞，则一马之力牵六马之重。

且火机所施不独舟也，又有火轮车。车旁插铁管煮水，压蒸动轮，其后束缚数十车，皆被火车拉动。每一时走四十余里，无马无驴，如翼自飞。欲施此车，先平其险路，铺以铁辙，无坑坎，无纡曲，然后轮行无滞。道光十年（1830），英吉利国都两大城间，造辙路九十余里，费银四百万元，其费甚巨，故非京都繁盛之地不能用，近日西洋各国都多效之。

为了实地考察"夷之长技"，1848年春，魏源来到了澳门。

当时的澳门，陆地面积只有10余平方公里，在1839年居民有葡萄牙人5612人，华人7033人。鸦片战争爆发后，澳门华人激增，很快就达到3万多人。澳门长期由中国政府管辖，葡萄牙人只在其聚居区设立市政厅自治。1846年，葡萄牙人派出总督管理澳门并驱逐中国驻澳门官兵，开始事实上统治澳门。

魏源发现，在葡萄牙人的经营下，澳门已经成了一个具有异国风光的地方，"园亭楼阁，如游海外"。

有一天,魏源来到海边的一个大花园。这里"怪石古木,珍禽上下,多海外种。其樊禽之所,网其上以铜丝,纵横十丈,高五丈。其中池沼树木,飞浴啄息,空旷自如,忘其在樊也"。这个花园的主人名叫委理多,是葡萄牙人。他看到魏源一行气度不凡,就热情地请他们到家里去做客。委理多夫人前来迎接,这位夫人身着薄如蝉翼的长裙,披着秀美蓬松的金色长发,彬彬有礼地把魏源一行请进客厅。

入座后,魏源一行中有人请委理多夫人演奏钢琴。夫人略加推辞后,走入琴房,弹起了钢琴。魏源记载说:"按谱鼓之,手足应节,音调妍妙,与禽声、海涛声,隐隐应和。"弹完琴后,委理多夫妇让他们的两个儿子出来见客人。魏源记载说:"鼓罢,复出其二子。长者九岁,冰肌雪肤,瞳翦秋水,中原未之见也。"今人常用的"冰肌雪肤"这一成语,就是出自魏源这一描述。

交谈中,委理多得知魏源是一位著名文化人,临别时便请魏源留诗。魏源即兴挥毫,创作了《澳门花园听夷女弹洋琴歌》:

> 天风吹我大西洋,谁知西洋即在澳门之岛南海旁。
> 怪石磊磊木千章,园与海涛隔一墙。
> 墙中禽作百蛮语,楼上人通百鸟语。
> 鸟声即作琴声谱,自言传自龙宫女。

蝉翼纤罗发鬈鬓，廿弦能作千声弹，初如细雨吹云闲。

故将儿女幽窗态，写出天风海浪寒，似诉去国万里关山难。

倏然风利帆归岛，鸟啼花放樯声浩。

触碎珊瑚拉瑟声，龙王乱撒珍珠宝。

有时变节非丝竹，忽又无声任剥啄。

雨雨风风海上来，萧萧落落灯前簇。

突并千声归一声，关山一雁寥天独。

万籁无声海不波，银河转上西南屋。

呜呼！谁言隔海九万里，同此海天云月耳！

膝前况立双童子，一双瞳子翦秋水。

我昔梦蓬莱，有人长似尔。

鞭骑么凤如竹马，桃花一别三千纪。

呜呼！人生几度三千纪，海风吹人人老矣！

委理多看后大喜，回赠给魏源一幅洋画。

这次做客，让魏源对西方文明美好的一面有了亲身感受，并认为中西虽然"隔海九万里"，但在文化上是可以相通的，双方不一定要搞得那么"风风雨雨""萧萧落落"，而应当"同此海天云月"。魏源感到，中西方文化的这种交流是三千年未有的盛事。他希望国人抓住这种机遇，不要虚度人生。

离开澳门后，魏源于1848年农历四月初的一天来到香港。

此时的香港还没有澳门那样繁华和漂亮，但兵营、街市、店铺、屋舍、楼台已经遍布，开始呈现出了一个大都市的雏形，居民也从1841年的5600人，增加到1848年的近24000人，其中只有503名外国人，其他的23485人都是中国居民。

魏源在香港只停留了一天，写了《香港岛观海市歌》记载此行。

《香港岛观海市歌》题记及原诗如下：

香港岛在广东香山县南，绿水洋中，诸屿环峙，藏风宜泊，故英夷雄踞之。营、廛、舍、楼，观如澳门；惟树木郁葱不及焉。予渡海往观，次晨甫出港，而海中忽涌出数山。回顾香港各岛，则锐者圆、卑者矗，尽失故形，若与新出诸山错峙。未几，山渐离水，横于空际，交驰互骛，渐失巘崿。良久化为雄城，如大都会，而海市成矣。自寅(凌晨3时至5时)至巳(上午9时至11时)始灭。幻矣哉！扩我奇怀，醒我尘梦，生平未有也，其可以无歌？

山邪云,城邪人。
胡为兮可望不可亲?
岂蓬莱宫阙,秦汉所不得见,
而忽离立于海滨?
豁然横亘兮城门,
市廛楼阁兮兼郊闉。

中有化人,中天之台千由旬,
层层级级人蚁循,
龙女绡客阑干扪。
珊瑚万贝填如云,
贸易技巧纷诈谖。
商市罢,农市陈,
农市散,军市屯。
渔樵耕馌春树帘,
画本掩映千百皴。

旗纛车骑畋狩阗,
蛮君鬼伯甲冑绅。
合围列队肃不喧,
但有指麾无号令,
招之不语挥不嗔。

矗矗鳞鳞，隐隐辊辊。
若非天风渐荡吞，
不知逞奇角怪何时泯。
俄顷楼台尽失陂陀存，
但见残山剩树，断桥只兽，
——渐入寥天痕。

吁嗟乎！
世间之事无不有，
世间之物无不朽。
影中之影梦中梦，
造化丹青写生手。
王母双成今老丑，
蚁王蜗国争苍狗。
若问此市有无与幻真，
三世诸佛壁挂口。
龙宫怒鼓风涛嗔，
回头已入虎门右。

此诗写的是海市蜃楼，但正如诗中所云："若问此市有无与幻真，三世诸佛壁挂口。"

中国国家博物馆研究员姜舜源于2016年4月2日在香港大公网上撰文分析说，此诗事实上描绘了百年后香港的大都会景象。例如,铜锣湾利舞台大堂楹联有"乐舞钧天"等语,与诗中"中天之台"颇为暗合。九龙尖沙咀、旺角等繁华商业区人流熙来攘往,"龙女绡客阗干扪,珊瑚万贝填如云,贸易技巧纷诈谖",说不尽的市井百态。"商市罢,农市陈;农市散,军市屯",好比今天港九著名酒楼,早茶未尽、午茶开,午茶才罢、晚宴来。"渔樵耕馌春树帘,画本掩映千百皴",颇合新界原住民长时期的真实生活情景。因此,姜舜源认为:"认真审视,这场海市的情景与百年之后香港大都会的情景暗合。这莫不是诗人魏源描绘的百年之后香港?"

魏源在香港、澳门及广东还考察了中外贸易的情况,他在《海国图志》中写道:

> 又各夷尝颂中国之盛实无比伦,他港贸易货物有售有不售。至于置货,更非经年累月不能集。惟粤港无论何货,即压船之石、已烂之铁,及剪弃之碎呢、片羽,一到即售。所置货值数百万,一二月即齐,立可开航。此虽绕大地一周,无此港口也。

> 各夷常说,天下富庶,无如中华。诸国所来船,多不觉其多,所来少不觉其少。无卖不尽之货,又买不尽此地之货,为海内第一,是天下更无大于中华。

通过实地考察，魏源不但感到应当"师夷长技"，而且憧憬着"中外一家"。他在《海国图志》充满激情地写道："岂天地气运，自西北而东南，归中外一家欤！圣人以天下为一家，四海皆兄弟，故怀柔远人，宾礼外国，是王者之大度；旁咨风俗，广览地球，是智士之旷识。"

五、大陆新探索

魏源在用"海国"的眼光看世界时,并没有忽视"陆国"。他所说的"海国"中,绝大多数实际上同时也是"陆国",就是海岸线比较长的"海岸国",有的还完全是内陆国家。

相对于"海国"——西方国家而言,鸦片战争时期的中国人对"陆国"特别是中国的周边国家的了解要多一些,但也有很多基本情况没有搞清楚。因此,魏源在研究"海国"的同时,对"陆国"也进行了一番新探索。

1. "陆战之邻"俄罗斯

魏源认为:"英夷所惮之仇国三:曰俄罗斯,曰佛兰西,曰弥利坚。"

这是一个极其重要而且令人惊讶的判断,因为上述四国和中国,正好是今天的联合国安理会五大常任理事国。魏源对世界基本格局的把握,不能不让人佩服。

魏源对俄罗斯的研究,也没有局限于抗英,而是着眼于世界大势与中国大局。

明朝末年以来,中国地缘政治的一个最大变化,就是出现了俄罗斯这样一个陆地邻国。

俄罗斯本来是欧洲的一个小国。公元1328年,俄罗斯的前身莫斯科公国的领土面积约为1300平方公里,仅相当于今天中国一个中等县。其后不断扩张,成了中国最大的陆地邻国。明崇祯十六年(1643)夏,沙俄军官波雅科夫率兵132人沿勒拿河下行南侵,于这年冬天越过外兴安岭,侵入中国领土。

清朝成立后,开始清除侵入中国境内的俄国势力。几番交战后,中俄双方于康熙二十八年(1689)七月二十四日缔结了《尼布楚条约》,规定以外兴安岭至海,格尔必齐河和额尔古纳河为中俄两国东段边界。根据这一条约,黑龙江以北、外兴安岭以南和乌苏里江以东地区均为中国领土。

魏源对清初的抗俄战争很感兴趣,认为这能给抗英战争重要启示,因而写了系统记载这段历史的《国朝俄罗斯盟聘记》,还写了一系列记载清代前期用兵情况的文章,并将其合编为《圣武记》。希望以此来激发人们的反侵略决心,使中国成为"军政修""兵昌""令行""四夷来王"的强国。

在研究清初抗俄史时,魏源思考了一个问题:侵入中国的俄军人数并不多,康熙为什么不一举将其歼灭,还是要用战和结合的方式来解决问题呢?思考的结果是:俄罗斯与中国西北、东北地区接壤,很有可能成为中国各种叛乱、分离、割据势力的依靠,只有妥善处理好了与俄罗斯的关系,中国才能集中力量维护国家统一与西北、东北地区的稳定。

借鉴清初抗俄的历史,魏源希望在抗英战争中,俄罗斯也能成为中国的"陆战之邻",与中国共同打击英国。

魏源希望俄罗斯成为中国抗英的"陆战之邻"在当时是一个不切实际的想法。这主要是因为咸丰时期的中国军队不能像康熙时期那样抗击外敌的侵略,而非争取俄罗斯为盟友的错误。魏源希望俄罗斯成为中国抗击外敌的"陆战之邻",实际上还是有依据的。在1931年至1945年的中国抗日战争中,由于中国人民一直在浴血奋战,俄国作为中国的"陆战之邻"、美国作为中国的"水战之援",都成了事实。

对于俄罗斯的威胁,林则徐在1845年发出了一个著名警告:"终为中国患者,其俄罗斯乎!"

林则徐能够认识到这种威胁,是因为他在流放伊犁期间了解到了很多俄罗斯正在抓紧向中亚及中国新疆地区渗透的信息,亲身体验到了沙俄扩张的气氛。鉴于这种认识,1850年1月3日,林则徐在湖南长沙约见了当时还只是一介书生的左宗棠(1812—1885),与他泛舟湘江,彻底长谈。将他对俄国终将成为中国边疆大患的预测、新疆地理、俄国在边境的政治军事动态和自己的战守计划告知左宗棠,并将有关材料全部交给左宗棠,郑重地叮嘱说:"吾老矣,空有御俄之志,终无成就之日。数年来留心人才,欲将此重任托付。……以吾数年心血,献给足下,或许将来治疆用得着。"林则徐此次从新疆前往广东,没有路过魏源任职的江苏高邮等地,因而也就没有机会与魏源谈论俄罗斯的问题。

魏源没有像林则徐那样发出"终为中国患者,其俄罗斯乎"的警告,但他实际上也认识到了俄罗斯对中国的威胁,曾在《海国图志》的《南洋西洋各国教门表》中说:"俄罗斯兼并西北,英吉利蚕食东南。"

总的来说,魏源还是希望中俄友好相处、互利互惠。他曾这样说:

> 俄罗斯既地广物阜,凡诸国至俄罗斯市者,则卫藏以西沙章汗爱乌罕各部,其外市则西至安集延、伊犁、哈密、喀尔喀,东至黑龙江。秋高马肥,被毡捆货而至。面白微赪,高准,采鬈髯,红毡帽,油靴,帐居者,布列恰克图及黑龙江西岸。

魏源这里说的恰克图,是清代俄中边境重镇。原来完全属于中国,后两国以恰克图河为界,河北恰克图划归俄国,中国在河南建新市镇阿勒坦布拉格(蒙古语意为南恰克图)作为中俄贸易地。19 世纪上半叶,恰克图的交易量,每年都在 1000 万美元以上,占中国进出口总值的 15%～20%,俄国因此而成为仅次于英国的中国第二大贸易伙伴。在中国,恰克图与广州,可谓南北辉映。在俄罗斯和西欧的文献中,恰克图则被称为"西伯利亚汉堡"和"沙漠威尼斯"。

中俄恰克图贸易对中国北部边疆地区社会经济的发展有着举足轻重的作用,有力促进了草原发展、大漠城镇的兴起和交通运输路线的开拓。

自从雍正五年(1727)开辟恰克图市场以来,到乾隆时,恰克图(中国市圈)已有商店 100 余家。乾隆五十七年(1792)中俄贸易额为 494 万卢布,嘉庆五年(1800)上升到 838 万卢布,增长 69.9%。

除恰克图外，新疆的塔尔巴哈台（今塔城）、伊犁也被开辟为中俄互市的新商埠；其他贸易城镇张家口、归化城、多伦、库伦、乌里雅苏台、科布多等，不仅是大漠南北的交通要道和旅蒙商人活动的据点，而且也成为边境贸易输出入商品的集散地和供给线。例如，位于张家口的商号，在雍正年间已增加到90余家，乾隆后期约有190余家，至嘉庆二十五年（1820），达到230余家。库伦（今乌兰巴托）至清代后期，共有内地旅蒙商号约400余家，约10万人，其中有50家为资金雄厚、贸易兴隆的大商号。多伦曾是康熙皇帝与内外蒙古王公贵族会盟的地方，盛时人口达到18万之多，在册商户4000多家，人称"二北京"。

恰克图在俄语中，意为"有茶的地方"。19世纪上半叶，俄商以700万元在恰克图购买了中国茶叶，可在下哥罗德集市上卖得1800万元。有人为此断言："恰克图贸易是俄国获利最大的贸易，大概俄国人所从事的任何一种贸易都无法与它相比。"对于中俄的茶叶交易量，魏源在《海国图志》中记载道："（俄国）在道光十年（1830）买去（茶叶）563440磅，在道光十二年（1832）买去6461000磅，皆系黑茶。由喀（恰）克图旱路运至担色（托木斯克），再由水旱二路分运娜阿额罗（下哥罗德）。"另有资料显示，1850年，俄国从恰克图输入茶叶296618普特（1普特≈16.38千克），价值6527000卢布，约占俄国同期从华输入商品总值的94%。

恰克图的茶叶市场影响到了中国南方的经济，许多商人分赴福建武夷山，湖南安化、岳阳、临湘，湖北崇阳、蒲圻、通城等

近代民族英雄——林则徐雕像

地办茶，推动了江南和两湖农业的恢复和植茶业的发展。仅湖南平江县，就有"茶庄数十所，拣茶者不下2万人，塞巷填衢，寅集酉散，喧嚣拥挤"。魏源家乡邻县湖南安化，清代有茶叶专业镇8个，茶号300多家，茶工10万。

此外，恰克图互市也有助于保持中俄边境局势的相对稳定。俄国在执行其扩张政策时，不得不顾及它在对华贸易上所取得的巨大利益。因而直至鸦片战争以前，俄国在中俄边界始终未敢轻举妄动。

魏源还注意到，俄罗斯的崛起，始于沙皇彼得一世的"师夷长技"。

彼得一世（1672—1725）是与中国康熙（1654—

1722）同一时代的俄国沙皇,他对俄国实行的一系列政治、经济和军事改革中最重要的就是"师夷长技"。1697年,俄罗斯派庞大使团出访西欧,学习西欧先进的科学技术。彼得一世本人也化名米哈伊洛夫下士随团出访,并先后在荷兰的萨尔丹、阿姆斯特丹和英国的伦敦等地学习造船和航海技术。除了学习外,俄罗斯还聘请大批科技人员到俄国工作,指导俄国人兴办工场,发展贸易,发展文化、教育和科研事业。同时还参照各国经验改革军事,建立正规的陆海军,继而发动了战争,占领波罗的海出海口,给俄罗斯帝国打下坚实基础。可以说,近代俄国的政治、经济、文化、教育、科技等方面的发展史无不得益于彼得一世时代。

魏源对彼得一世的"师夷长技"极其赞赏,在《海国图志》中反反复复地提及此事:

> 始俄罗斯在明初立国时俗尚雄悍,未识西洋技艺。至比达王才武奇杰,离其国都,潜游他国船厂火器局,讲习工艺,返国传授,其所造战舰火器,反为他国最。

> (俄罗斯)人犹雄悍,未谙西洋技艺。及至比达王,聪明奇杰,离其国都,微行游于岩士达览等处船厂、火器局,讲习工艺。旋国传授,所造火器、战舰,反优于他国,加以训兵练阵,纪律精严。迨至近日,底利尼王

攻取波兰国十部落，又击败佛兰西（法国）国王十三万之众。其兴勃然，遂为欧罗巴最雄大国。

（彼得）亲揽国政，又巡行外国，学艺术，愈久愈进。欲知造船之术，遂潜赴荷兰国学习。工师返国后，与瑞丁（瑞典）国交战，而筑建新都名为彼得罗堡。由此开海路，与八得海隅往来，水陆权势始兴。（彼得）深明韬略，善晓兵机，攻无不胜，军多船繁，各国景仰。汗（彼得）没后，其后妃摄位，亦有权谋。虽嬖幸用事，而其将帅皆得人，故其国愈广。

西史言俄罗斯之比达（彼得）王，聪明奇杰。因国中技艺不如西洋，微行游于他国船厂、火器局，学习工艺。返国传授，所造器械反甲西洋，由是其兴勃然，遂为欧罗巴洲最雄大国。故知国以人兴，功无幸成，惟厉精淬志者，能足国而足兵。

俄军并非战无不胜，急于寻找战胜强敌经验的魏源对俄军在弱势、不利乃至战败形势如何应对的经验非常重视。

魏源对这些战斗介绍和评论说：

佛国（法国）王领兵六十万以伐俄罗斯，俄见其势大，引军先退，清野坚壁以待。佛军直抵其都，忽宫殿火起，焰烈回延，佛军奔溃。冬月冰雪中，沿途冻馁，无所食宿。俄国选劲骑乘势追击，歼敌大半，余走匿日尔曼国城中。

英吉利康熙中以兵船由地中海攻俄罗斯，俄罗斯敛兵，纵其登岸，而奇兵绝其归路，天大风雪，英军饥冻，不战自溃，此一奇也。佛兰西嘉庆初合列国兵数十万，由陆地攻俄罗斯，俄罗斯倾国迁避。佛兰西兵长驱入其国都，俄罗斯兵乘大风雪夜，潜回纵火。佛兰西兵焚冻死各半，败绩而遁，此二奇也。准噶尔康熙中以兵三万，由色棱格河攻俄罗斯，两岸高山，中通一峡，深入六七百里，不见一人。准噶尔疑其设伏诱陷，急班师遁去，此三奇也。俄罗斯之待强敌与安南之待英夷，如出一辙。

魏源这里介绍的坚壁清野，焦土抗战、诱敌深入、击其惰归、利用地形、利用气候之类战术，非常值得中国军队借鉴。在后来的抗日战争中，中国军民就使用了很多类似的战术抗击日本侵略者。

魏源也发现了俄罗斯与英、法、美等国的不同之处，他这样写道：

> 俄人不善制造，而禁外国人所造之物运入本地，惟招外国人入境教之。国中有能制造新奇者，必赏之，然所造之人，皆用奴工，价省而卖价昂，终不如各国之精良也。

这里点明了俄罗斯与英、美、法等国的根本区别，即俄罗斯当时还是一个农奴制国家。

邻国是不可以选择的，敌友则可以选择。对中国这样一个大国来说，只要自己自立自强，任何人也不敢与中国为敌，任何人也不能与中国为敌。魏源期盼俄罗斯成为中国盟友式的"陆战之邻"，的确没有什么错误，俄罗斯在近代成为掠夺与分裂中国领土最多的国家，完全是由清政府的愚昧、落后和懦弱造成的。

2. 患难与共亚非拉

近代世界，是一个殖民地化的世界，1914年，殖民国家及其所占殖民地的领土面积共占全世界陆地面积的85%。

魏源看到了这种殖民地化的浪潮，为了防止中国沦为西方列强的殖民地，他在观察西方列强的同时，也把眼光投向广大亚非拉国家。一方面，这是因为他认为列强的强大是与它们在亚非拉占有广大殖民地密切联系在一起的,因此,要了解列强,就必须了解亚非拉。另一方面,他认为,那些沦为殖民地的国家可以成为中国的前车之鉴,那些较好地抗击了列强侵略的国家则能为中国的反侵略提供经验。更为重要的是,中国反侵略也不能孤军奋战,而必须建立广泛的同盟,中国的安危也不只是受西方列强的影响。

魏源在开眼看世界时惊讶地发现:"今天山以南,玉门以西,环葱岭东西南北,延及咸海、里海之左右,分亚细亚洲之半,蔓延及于内地各府、厅、州、县,无不有清真寺礼拜寺者。……海宇承平,可无大患。然其凶狠猛烈之气,固难化也。"

魏源这里说的是伊斯兰世界,对于伊斯兰教,魏源持尊重、理解和宽容的态度。认为其创始人是"圣人",其教义旨在"劝善惩恶","大旨亦无恶于世教",其性质与佛教、基督教相同,同中国的儒家也有相通之处,都是试图"教化"民众。

对于伊斯兰国家在政治、军事、文化上的特点,魏源在《海国图志》中说:

> 政事以一族为一部,每族立一教首,各理各族,不相统属。……其族中操权父老谓之小师,而于众小师中,议立一师,谓之大师,各小师均属之。有大小,无尊卑,大者不能以王自居,而小者亦不以臣仆称也。

各族均有炮台，牧畜游牧旷野，毋虞攘掠。人皆悍骛好胜，各族亦互相械斗，若能联族，合心齐力，实为劲旅，阿细亚洲内强国，恐非其敌。

各立长领，虽统属于土耳其之君，而不尊其命，随意恣行。有犯之者，上必杀乃已，各族类亦恒相肇衅。其民自古不服他国，虽异国犯其界，俱未能胜。

惟阿丹（阿拉伯）人不甚拒绝外教，故欧罗巴客商往彼贸易，或导人以克力士顿教，亦复客留善待，不至轻忽拒绝。

其书籍近多散轶……本国人复又著辑。论族类，论仇敌，论攻击，论游览，论女人，以至小说等书。近有小说，谓之《一千零一夜》，词虽粗俚，亦不能谓之无诗才。

回人文字，有医药之书，有占卜之书，有堪舆之书，有各代记载之书，有各国山川、风土之书。……亦非无至理。无如阿浑（阿訇）陋者多，通者少，如内地之冬烘腐烂，徒以惑愚诱财，可太息也。

这些介绍表明，魏源对伊斯兰国家的政治、军事、文化的看法，是比较客观的，给予了不少肯定性的评价。

另一方面，魏源也看到了伊斯兰极端势力的危害。认为那些宗教极端分子，"其人率阴鸷，寡廉耻，甘居人下而中怀叵测"。"器量狭小，与人有隙，不报不休。误行触犯，亦必报之。非特报其本人，且必诛及其族中尊贵而后已。""刚狠毒鸷，自为一类。……终贻江统忧尔。"

如何对待伊斯兰国家与信奉伊斯兰教的民族呢？

魏源认为，根本在于中国的人才与富强。他在《圣武记》中说："制夷之权在中国。"同时也应当争取盟友。他在《圣武记》中说："新疆南北二路，外夷环峙，然其毗邻错壤作我屏卫者，惟哈萨克、布鲁特两部落而已。"这里说的"哈萨克、布鲁特两部落"，大体上相当于今天的哈萨克斯坦和吉尔吉斯斯坦。

魏源的上述思想，基本上得到了历史的证实。

浩罕汗国是1710年始建于天山西部的费尔干纳盆地的一个国家，曾以确保其与新疆通商权为条件臣服于清廷，成为清朝的藩属国。当时，中亚各部都以类似的方式被允许进入新疆贸易，史称"布鲁特、霍罕、安集延、玛尔噶朗等贸易之人，络绎不绝"。在这种贸易的带动下，中国与俄罗斯及印度都经由中亚互通有无，从而出现了一条新的丝绸之路。

浩罕汗国浩罕城

这种贸易对新疆的发展也有利，造就了伊犁、乌鲁木齐、喀什噶尔、叶尔羌等地各国商人云集、商务繁荣的盛况。例如，喀什噶尔的回民（泛指包括浩罕在内的信奉伊斯兰教的各族人口）人数，由乾隆四十七年（1782）修成的《西域图志》中记载的14056户、66413口，增加到道光十一年（1831）官方调查统计的23413户、13万余口。叶尔羌、阿克苏、赛里木、拜城、喀喇沙尔等南疆各城的人口，普遍比《西域图志》中的记载增加了一倍以上。魏源说的"海宇承平，可无大患"，确为事实。

然而，浩罕汗国又是一个很有野心的国家。它在对清朝称臣的同时，收容了一批反清势力，其中最重要的就是大、小和卓的后裔。借此要挟清政府，向清政府索取各种贸易特权，垄断中国与中亚各国及中国与俄罗斯、印度经由中亚地区的贸易。

魏源时代的清政府是一个不能与外国正常交往的政府，除了顽固坚持"天朝上国"闭关锁国的理念外，还有一个重要原因就是官员腐败。

> 见说王师讨叛羌，诏书祸首罪边疆。
> 譬从南海骚珠翠，奚异西陲索白狼。
> 张奂早辞羊马馈，王郎何至羽书猖。
> 虫生朽木非今日，蚁溃金堤自古防。

这是魏源1830年写的一首诗（见《古微堂诗集·卷九》）。当时，他跟随西征军前往新疆，准备讨伐浩罕入侵者与依附入侵者的叛乱势力。

诗中所说的"南海骚珠翠""西陲索白狼"，是指索取奇珍异兽，用来喻指官吏的敲诈勒索。

诗中所说的张奂（104—181）是东汉大将，驻守边疆时，征抚并重，使得西北边疆安宁一时。

诗中所说的王郎为王昌，自称是汉成帝的儿子，一度被人立为汉帝，定都邯郸，更始二年（24）五月兵败被杀。这里用来喻指那些自称"圣裔"的和卓后裔。

概而言之，此诗的大意是，中国边疆的安危不在邻国与边民，而在朝廷与官员。如果朝廷用的是张奂这样恩威并重、清正廉明的边疆大吏，就不怕边民自己封王称帝，也不怕邻国侵犯边疆。然而，清朝驻新疆官员的表现，比魏源说的"西陲索白狼"还要严重得多。

喀什噶尔参赞大臣是南疆最高官员，其地位与伊犁将军、乌鲁木齐都统相当。1818年任此要职的斌静，本为犯有索贿罪的原黑龙江将军。此人到了喀什噶尔后，经常前往城外的回庄吃喝玩乐。吃饱喝足后，就让手下站在楼上往下撒钱，引来大群人前来抢钱与围观。他就借机寻找美女，看到满意的，就让手下将其带来供其淫乐。有一次，斌静竟然把魔爪伸到了浩罕驻喀什噶尔呼岱达（浩罕商人的头目，实际上也代表浩罕政府）萨赖占的女儿身上。于是，引起了大规模的民愤和抗议，最终导致了1820年至1828年的张格尔之乱，继而又引发了1830年浩罕的大规模入侵。

浩罕1830年的军事入侵在清朝援军进入新疆后主动停止，为了避免其继续生事，清政府于1835年接受了浩罕的讹诈，授予了浩罕很多特权。其后，浩罕在新疆的势力越来越大，最终于1867年在新疆建立了一个以阿古柏为首的"洪福汗国"，又称"毕杜勒特汗国"。魏源预料的"终贻江统忧尔"，完全成为事实。

浩罕汗国虽然趁乱侵占了中国新疆,但它却自身难保。1876年2月19日,俄罗斯军队攻下浩罕城,浩罕汗国灭亡。1877年,左宗棠基本收复新疆,阿古柏气急暴病而死(有说服毒自杀,有说被人毒死)。

弱国之间应当相互扶持,共同发展,而不能"弱吃弱"。"弱吃弱"让原本就虚弱的国家相互伤害,最终只能是越吃越弱。浩罕汗国侵略新疆,既伤害了中国,也加速了自己的灭亡,给人们留下了沉痛的教训。中国被这样一个国家侵占新疆10余年,教训也极其深刻。

魏源开眼看世界,除了着眼于中国的安危外,还注重吸取世界各国的经验教训。

在亚非国家中,魏源发现了一个"师夷长技"的典型——穆罕默德·阿里(约1769—1849)统治时期的埃及。

埃及是著名的文明古国之一,魏源称赞为"风气早开,声名文物冠西海"。魏源也十分惋惜地看到:"(埃及)仅傍尼罗河蜿蜒一带,无地可扩,无伦可守,故波斯、希腊、罗马诸大国兴,麦西(埃及)恒为之臣。迨回部既强,遂为所吞噬,而名土变膻俗矣。"

穆罕默德·阿里原为奥斯曼帝国驻埃及部队的军官,1805年被推举为埃及帕夏(埃及前共和时期地位最高的官衔,意为总督、将军及高官)。在其执政的43年(1805—1848)期间,阿里以富国强兵为总方针,在政治、经济、军事、文化等领域进行了自上而下的全面改革。被史家称为第一个意识到西方技术的意义并有效地利用西方技术为自己的目标服务的亚非国家的统治者,被誉为"现代埃及之父"和"唯一能用真正的头脑代替'讲究的头巾'的人"。

魏源认为,穆罕默德·阿里"甚聪明……招士通商,训练阵法与列国无异,又得英兵之助,故佛兰西战不能败"。"……尽复昔时艺业法律,并鼓励国人习欧罗巴之技能,国势复振。"他的"师夷长技"思想的基本内容,可以在阿里的改革中找到。

让魏源感到叹息的是,大多数亚非国家都是不思进取,内政混乱,争斗不已,因而不可避免地沦为西方列强的殖民地半殖民地,或成为衰败荒凉之地。例如:

阿细亚西边诸国,前曾强盛过,迄今衰败,变为旷野。

(印度)固执己见不向教化,仍蹈前辙,陷习恶,所拜之菩萨、神像千万,节期相接无已。其僧大有权势,教其愚民将婴儿投河或饲鳄鱼。……外屈节后权,内巧狯诡谋,说谎骗人。

小西洋利未亚洲(非洲),与欧罗巴隔地中海,其地之廓,人之庶,皆与欧罗巴埒。乃语教化,则无持世之哲,语富强,则无统一之王。四分五裂,惟产黑奴以拱掠卖,何哉?

阿利未加洲(非洲)之北四国,曰摩罗果(摩洛哥),曰阿尔尼阿(阿尔及利亚),曰都尼司(突尼斯),曰特厘波里(利比亚),四国同区,统而名之曰麻马里(马格里布)。……当国势盛时,文教与额力西(希腊)相等,武功与意大里(意大利)争雄。……商埠云集,既强且富,名著海邦。何期盛衰靡常,四国均为意大里所灭,既又为回教之阿丹侵夺,设立加里甫统辖之。驻兵加尔湾,悉令改从回教之马哈墨教。毁其书籍,愚其耳目,并隔绝他国,不许往来。垂二百余年,声教堙地,竟成野蛮,顽蠢几不可问。

破利威(玻利维亚)……膏腴之土,蔬谷皆宜。因地产金银,举国以攻矿为业,农事全荒,恒苦饥馑。居民皆西人苗裔,善待宾客,温蔼可亲。然好赌恶劳,贸易悉请他国,故为西人所制。又善酿酒,终日沉醉,虽兼产铜、铅、水银、胡椒、甘蔗、棉花、药材、颜料、香料,而利权归他人,土人方卧醉乡,呼庚癸焉,岂不惜哉!

魏源指出的这些问题,对中国人是一种重要警醒。

如上引文中所说的"终日沉醉",与后人所说的近代中国"昏睡百年",实际上就是同一个意思。

魏源通过对亚非拉各国的观察,实际上也看到了中国与亚非拉各国的患难与共。

魏源在《海国图志》中说:"(非洲)今东六部,则布路亚国(葡萄牙)服之;北四部,邻地中海为海贼,则佛兰西服之;西二十四部,濒西海则布路亚、荷兰、英吉利、佛兰西各国分踞之。南则斯溜墨大雪山斗入南海,其极南之兀贺峡(好望角),即大浪峰……为大西洋商舶必绕过之地,亦英吉利、荷兰兵戍守之,皆据海口,立炮台,设市埠,而土人供其驱使。今志小西洋(非洲),实所以志大西洋也。"同样的道理,"志南洋(东南亚),实所以志四洋也"。"志西南洋(南亚),实所以志西洋也。"

这里说的,大意是距中国七万里之遥的英国之所以能够侵略中国,就是因为它占领了非洲、南亚和东南亚的要地。因此,要了解英国和西方各国,就要了解其所占领的殖民地与势力范围。换一个角度说,中国能否"制夷",也取决于亚非拉各国能否摆脱西方列强的殖民统治,不再成为西方列强的财源、兵源与侵掠基地。所以,中国的命运是与广大亚非拉国家紧密联系在一起的。

3. 观东南邻国，迎千年变局

东南亚是亚洲最先受西方列强侵略的地区之一。

1511年，葡萄牙人占领了马六甲，成为大航海时代最早来到东南亚的欧洲人。

1565年，西班牙人在菲律宾建立了自己的居留地。其后，逐渐占领了菲律宾。

1596年，荷兰商船到达爪哇的万丹港口强求通商。1602年，荷兰在印度尼西亚成立具有政府职权的东印度公司，1799年底改设殖民政府，印度尼西亚逐渐成为荷兰的殖民地。

1786年，英国占领槟榔屿。1819年，英国占领新加坡。1824年，英国从荷兰手中得到马六甲。1824年至1886年，英国经过三次战争，全面占领缅甸。

……

魏源认识到，欧美人纷纷来到东南亚，是世界局势和世界历史的一大变化。他在《海国图志》中写道：

天地之气，其至明而一变乎？沧海之运，随地圜体，其自西而东乎？前代无论大一统之世，即东晋、南唐、南宋、齐、梁，偏隅割据，而航琛献赆之岛，服卉衣皮之贡，史不绝书，今无一登于王会。何为乎红夷东驶之舶，遇岸争岸，遇洲据洲，立城埠，设兵防，凡南洋之要津，已尽为西洋之都会。地气天时变,则史例亦随世而变。

这段话的大意是:世界大势,在明朝的时候发生了根本性的大变化。这种变化,随着海路的开通从西方扩大到东方来了。在此之前,中国不论是大一统时代,还是偏安割据时代,都有很多外国人与外国货进入,但都没有从根本上影响到中国。今天的西洋人来到东方后,攻城略地,通商驻军,几乎让东南亚所有的要地都成为"西洋之都会"。随着这种世界局势的变化,东南亚及中国的局势与历史也会发生变化。

随着西方人的到来,东南亚发生了什么变化呢?

魏源看到,随着西方人的到来,东南亚的一些地区已经成为西方列强的殖民地,主要是当时称为吕宋和爪哇的今菲律宾与印度尼西亚。魏源希望中国吸取教训,避免沦为西方列强的殖民地。他在《海国图志》中这样说:"吕宋爪哇,屿埒日本,或噬或駮,前车不远。"

魏源还看到,随着西方人的到来,东南亚的一些地区已经成为西方列强的侵华基地。他在《海国图志》中说,从东南亚航海到中国广东,只需要七八天的时间。这样,距中国有数万里之遥的英国,"今则无异邻境"。魏源还发现,英国人在东南亚并不盲目贪恋土地。如果是土地贫瘠、物产稀少、区位偏远的地区,英国人即使经常到达那里,也对那些地区不屑一顾。他们所力图占领的，都是像新加坡和马六甲海峡这样的交通要道，这表明英国"盖欲扼此东西要津，独擅中华之利，而制诸国之咽喉。古今以兵力行商贾，未有如英夷之甚者"。

魏源认为，东南亚局势的这种变化，既是对中国的威胁，也是中国的一种重大发展机遇。

魏源看到，在了解西方国家方面，越南、缅甸、泰国比中国做得好。他在《海国图志》中援引林则徐在广东期间所翻译的《澳门月报》的报道说：

> 中国官府全不知外国之政事，又不询问考求，故至今中国仍不知西洋，犹如我等至今未知利未亚洲（非洲）内地之事。东方各国，如日本、安南、缅甸、暹罗则不然。日本国每年有一抄报考求天下各国诸事，皆甚留神。安南亦有记载，凡海上游过之峡、路皆载之。暹罗国中亦有人奋力讲求，由何路可到天下各处地方，于政事大得利益。缅甸有头目曰弥加那者，造天地球、地理图，遇外国人即加询访，故今缅甸国王亦甚知外国情事。

由于对西方国家有所了解，鸦片战争之前，越南、缅甸、泰国都已经开始在一定程度上"师夷长技"。

越南的"师夷长技"在海军建设方面颇有成效。

越南国王阮福映（1762—1820）曾通过法国传教

士百多禄从法国为其购买军械,并聘请法国教官20人,任用这些法国人训练军队,建造舰艇,铸造枪炮。其水师盛时拥有1200艘兵船,兵力达26 800人。其兵船的主要特点是船体狭长,可快速航行,并且首尾都可以变为船头,敏捷灵活。

阮福映去世后,他的继承人阮福晈(1791—1841)继续建造舰艇,而且把重点放在类似后来的铁甲军舰的裹铜战船上。最多时拥有裹铜战船31艘,其中海洋号巨型船5艘,波浪号大船11艘,其他16艘。其中最大的多索裹铜战舰——金鹰船,宽二丈二尺五寸,长九丈七尺二寸,在当时东南亚的战舰中,称得上庞然大物,同英国战船相比也称得上中等规模。特别重要的是,在阮福晈执政期间,越南还从法国买回了一艘蒸汽机轮船,自己也仿造了两艘蒸汽机轮船,从而使越南在1840年7月拥有了三艘蒸汽机轮船,分别命名为烟飞号、云飞号和雾飞号,以喻其速度之快。这样,越南阮朝拥有了当时东亚各国最新式、最具战斗力和最先进的战舰。阮福晈颇为自豪地说:"夫洋人素以善驶大船飞越重洋夸示诸国,今我军亦能乘驶,不让彼长。"此外,1834年,阮福晈下令开设"水火记济车厂",成功制造越南历史上第一批蒸汽机车。

魏源对越南的"师夷长技"高度关注,在《海国图志》中对其点评说:

（阮福映）既感欧罗巴之扶佐，又慕欧罗巴之兵法，遂仿造兵船、火器，训练国兵。是以现有炮船三百艘、大兵船一号，在阿细亚洲诸国罕与匹敌。是以兼取安南、东京及干波底阿国，并合三国而统一之。缅甸、暹罗兵制，皆由各头目招募充伍，器械皆长枪刀弩，虽有火枪，皆西洋所废弃之物，购买修整，不堪适用。惟安南军器制度得之欧罗巴，故在缅甸、暹罗两国之上。

（越南）国王请佛兰西武官教列西国操演武艺，是以所铸之火炮，所造之鸟枪，不异佛兰西。其武官深晓兵机，所有兵船，大胜中国之舰。巡驶五印度、南海各国，以广见识。其公使屡到外国随便办事，遇有外国船只进港，即严行防范。

安南军制按欧罗巴兵法训练而成，可云纪律之师。计其兵数，于千有八百年间【嘉庆六年（1801）】，约十有四万，今则不过五万。

魏源还对越南水师善于用小舟作战十分欣赏。他在《海国图志》中说：

（越南水师）遇敌将船横排成列，群唱战歌，极力棹桨,顷刻逼近,随即死斗。如敌人大船欲冲击小船,则小船闪避又甚巧速。

红夷恃船大帆巧,横行海外,轻视诸国,所至侵夺,顾两败于交趾。交趾拒敌之法,创造小舟名曰轧船,长仅三丈,舷出水面一尺,两头尖锐,仿佛端阳竞渡龙舟。以二十四人操楫,飞行水面,退则反其棹,变尾为首,进退惟意,俨然游龙。船中首尾各驾红夷巨炮,附水施放,攻其船底,底破即沉,虽有技巧无所施设,于是大败。至今红毛船过广南,见轧船出即胆落而去。中国东南半壁皆大海,日与西夷互市,轧船之制亦所宜讲。

越南在"师夷长技以制夷"方面所取得的成就,让魏源极其感慨,他在《海国图志》中说:

越南自汉、唐、明屡隶版图,列郡县,事璨前史。惟其与西洋交构,则皆在本朝,于中国洋防最密迩。雍正初,红夷兵舶由顺化港闯其西都,而西都以水攻沉之。嘉庆中复由富良海口闯其东都,而东都以火攻烬之。鸷鸟将击,必敛其形,未闻御大洋横行之剧寇,徒以海口炮台为事者。越南之禁鸦片,与日本禁耶稣教同功,与酒诰禁群饮同律,呫呫岛邦,尚能令止而政行。

缅甸的"师夷长技"主要表现在陆军建设方面。

早在1539年缅甸国王莽瑞体（1516—1550）攻占勃固后，缅军中就拥有了一支由滑膛枪和大炮装备起来的多达700人的葡萄牙雇佣军。稍后，这支雇佣军又增加到了1000多人。贡榜王朝（又称雍籍牙王朝，1752—1885）统治时期，这支雇佣军中的滑膛枪手多达5000多人。

1824年3月，英国入侵缅甸。擅长山地丛林作战的缅甸骑兵在陆地上丝毫不输给英军，一度还占有优势。缅甸将军班都拉不但多次击退入侵英军，还率领大军节节深入到英国殖民地境内，逼近战略要地吉大港（现孟加拉国吉大港市）。

英国军队在陆地进攻受挫后，转而取道海上，从仰光登陆，另辟南线战场。贡榜朝廷大惊，急令班都拉挥师南下增援。班都拉奇迹般地率兵翻越大山，迅速赶到。两军在今天的仰光大金塔附近摆开了战场，对峙了将近一年，双方各有输赢。

1826年2月，英军长驱直入，逼近缅甸首都，缅甸政府被迫接受英方提出的谈判条件，于2月24日与英殖民者签约《杨达波条约》。

这次英缅战争虽然最终以缅甸的失败结束，但英方在战事中阵亡的人数高达15000人，战争支出高达1300万英镑，使英印殖民政权一度陷入经济危机。

魏源对缅甸陆军的战斗力与战术大为赞赏，他在《海国图志》中写道：

> 缅甸用兵，遇强敌，则专用大木树栅，为不可拔。有时守御坚固，虽英吉利军亦为所拒。

> 所谓缅甸兵法，专以大木立栅，自环为不可败，有时英吉利兵亦为所遏。盖缅甸南濒海，尝与英夷之印度交兵，故英夷知其长技也。……所谓善战者不败，善败者不亡也。……故上兵之纪律，敌莫能御。中兵之纪律，敌莫能侮。

魏源认为，缅甸和越南的反侵略经验对中国具有重要启示作用。他说："观于缅栅之足拒夷兵，而知我之所以守；观于安南轧船之足慑夷艇，则知我之所以攻。"

泰国是殖民地时代东南亚唯一保持政治独立的国家。

泰国自保的诀窍是对外开放。

葡萄牙人占领了马六甲海峡一带后，于1512年抵达当时泰国的首都大城（阿育他亚）请求通商，泰王没有拒绝。其后，荷兰人、英国人、法国人、美国人相继而来，都被泰国所接受。泰国王室不但不拒绝

19世纪的泰国街头

与外国通商,自己也参与通商。拉玛二世王(1809—1824年在位,中文名郑佛)一度戏称他是商人,他比王族中的任何一个人都清楚海外贸易的意义。拉玛三世王(1824—1851年在位,中文名郑福)有一艘自己的商船,早在继位之前,就在海外贸易中赚了很多钱。

泰国还愿意与西方列强建立正式的外交关系。拉玛二世期间,葡萄牙在泰国首都曼谷设立第一个西方国家的大使馆。拉玛三世期间,泰国和英国于1826年6月20日签订《暹英条约》(即《伯尼条约》)。条约规定,两国相互和平友好,互不干扰国界领土;除非允许,拒绝租借土地或建立商馆;禁止鸦片输入暹罗,英国商船停靠曼谷须缴纳关税等；暹罗也允许英国商人经商有更多的自由。1833年3月20日，泰国又和美国签订了类似英国合约的《暹美通商合约》。

泰国王室还带头学习西方文化。拉玛四世（1804—1868，中文名郑明）年轻时用了27年时间学习西方知识，曾向法国传教士帕里果瓦学拉丁文、数学和天文学，又向美国传教士学英文，并能用英文签署国家文件。拉玛四世的天文学水平很高，曾成功地推测出1868年8月18日将会出现日全食。当时许多欧洲和亚洲的科学家们持不相信的态度跑到泰国湾东南岸上观察，这一天，果然月亮挡在地球前面，整个太阳被遮掉了。这次成功的预测，使拉玛四世在东西方的天文学界备受崇敬，也让西方列强对泰国另眼相看。

拉玛四世期间，泰国和英国、法国、美国、德国、普鲁士等许多西方国家签订了一系列开放通商条约，他还聘请英国、法国、美国等许多国家的人在暹罗政府中当顾问或任职。对于这些做法，拉玛四世在1867年给驻巴黎的暹罗使节的信中解释说：

> 像我们这样一个不大的国家，受到强国的包围，有什么办法呢？假如，我们在国内发现了金矿，使我们有几百万斤金子，足够买几百艘军舰。但是即使有金子我们也不能抵挡它们，因为我们必须向它们购买这些军舰

的装备。目前,我们不可能自己制造这些东西,即使我们有足够的钱购买这些东西,这些国家一了解我们武装起来是为了对付它们,它们就可以随时停止出售。唯一的,我们现在可以而将来也可以使用的武器,是我们的一张嘴巴和我们充满着健全思想与智慧的头脑,只有这些东西能保护我们。

拉玛四世除了自己学习西方知识外,还给儿子——后来的拉玛五世(1853—1910,中文名郑隆)聘请了一位英国女教师。从小接受西方教育的拉玛五世即位后,进行了一系列的改革,为现代泰国的社会发展奠定了基础。

魏源去世于1857年,泰国的很多变化他都没有看到。但魏源已经看到,泰国由于对外开放,已经变得富裕起来。他在《海国图志》中写道:

> 东南洋贸易之盛者,莫如暹罗及新嘉坡。暹罗与安南、缅甸相接,而通商最广。中国买米、买货之船,赴其国者,岁百余号,所驻中国人五万有余。英吉利、亚默利加等国互市,每年货价约银五百万余元。

由于魏源开眼看世界的最终目的是"为我富强",东南亚最令魏源感兴趣的地方可以说是新加坡。

新加坡在古代曾为港口，但自1613年被亚齐（16世纪初至20世纪初统治苏门答腊北部及马来半岛一些地区的伊斯兰教王国）摧毁后，成了一个无人岛。直到1811年，才有100余名马来人前来居住。1819年英国人来到这里时，这些马来人共有150余人。

1819年1月29日，负责在马来半岛的南端建立一个新的贸易港的英国人莱佛士在新加坡河口登陆。通过考察后，莱佛士发现，这里水域宽敞，很少受风暴影响，邻近的溪涧也有可靠和充裕的水源，具有发展为良港的优势，因而决定把这里作为英国新的贸易港。通过一番运作后，莱佛士于1819年2月29日宣布在新加坡建立自由贸易港。

新加坡开辟为英国商港之后，迅速繁荣起来。当莱佛士卸任新加坡总督一职于1823年离开新加坡时，他发现四年前仅有150余人的新加坡，此时已经有了上万人。到1860年，新加坡人口进一步增长到8万余人，其中华人占到61.9%，马来人和印度人分别占13.5%和16.1%，其他人种，包括欧洲人，则占到8.5%。

《海国图志》所引用的有关新加坡的材料截至1834年为止，当时的新加坡还只是一个仅有2万人口的商埠。然而，这已经引起了魏源的高度重视，他在《海国图志》中对新加坡发表了一个长篇评论，全文如下：

魏源曰：英夷开辟新嘉坡，富庶闻于中国，已数十年，皆不知为古时何国，阅《海录》及英夷海图，始知即柔佛、满剌加故墟。盖明以前满剌加为南洋之都会，英夷始移其贸易于柔佛。新嘉坡有坚夏书院，弥利坚国人所建。马六甲有英华书院，英吉利所建。皆外夷习学汉文及翻刻汉字书籍之所，故所刻书皆署此两书院藏板。皆暹罗之东南境，海岸相连，并非岛屿。距大屿山仅五六日程，平衍数百里，斗出海中，形如箕舌，扼南洋之要冲。乾隆以前，多为闽粤人流寓，自英夷以兵夺据，建洋楼，广衢市，又多选国中良工技艺，徙实其中。有铸炮之局，有造船之厂，并建英华书院，延华人为师，教汉文汉语，刊中国经、史、子、集，图经地志更无语言文字之隔。故洞悉中国情形虚实，而中国反无一人了彼情伪，无一事师彼长技，喟矣哉！方康熙初定台湾时，廷议欲迁其人，弃其地，专守澎湖。独施琅力争之，谓不归中国，必归于荷兰，圣祖从之，设官置戍，海外有截。使当日执捐珠崖之议台湾，今日不为新嘉坡者几希；使后世有人焉，曰翻夷书，刺夷事，筹夷情，如外夷之侦我虚实，其不转罪以多事，甚坐以通番者几希。彭亨、柔佛等国，明以前不见于史，盖即《梁书》之丹丹，《广书》作单单，在振州东南，而隋唐书并言往婆利州者，先由赤土丹丹而至其国，赤土为扶南，则丹丹必其相连之东南境，故有唐人墓，方梁、宋碑记云。

《海国图志》中的"魏源曰"相当于《史记》中的"太史公曰"和《资治通鉴》中的"臣光曰",只用于评论一些重要的人物和事情,而且篇幅通常很短。魏源把新加坡这个开埠不久的港口城市与各大国同等看待,甚至更为重视,是极不寻常的。新加坡今天在经济上成为东南亚最发达、世界上也名列前茅的国家,位列世界第七位,再一次证明了魏源的惊人眼光。

上述这篇"魏源曰"表明,魏源认为新加坡的崛起是有历史基础的,即新加坡所处的马六甲地区本来就是"南洋之都会"。同时还认为,新加坡的崛起与其地理区位密切相关,即新加坡"扼南洋之要冲"。然而,魏源最为看重的还是英国人对新加坡的治理:"建洋楼,广衢市,又多选国中良工技艺,徒实其中。有铸炮之局,有造船之厂,并建英华书院延华人为师,教汉文汉语,刊中国经、史、子、集,图经地志更无语言文字之隔,故洞悉中国情形虚实。"这里,魏源实际上已经把英国人对新加坡的治理方式,视为他"师夷长技"的蓝本。即中国同样也应该"有铸炮之局,有造船之厂",也应该"翻夷书,刺夷事,筹夷情","师彼长技"。

魏源对新加坡及东南亚各要地成为西方列强的殖民地深感遗憾,用康熙统一台湾的历史,批评当局忽视海外,从而使东南亚各要地都成为"西洋之都会"。

另一方面，魏源也看到，尽管明清政府都对海外事务不关心，但中国民众还是纷纷前往东南亚发展，例如：

（越南）中国人在彼入籍约四十有四万，其官制、章服、文字大略都遵中国，为东方诸国所不及。

华人自明永乐时，三宝太监郑和等下西洋采买宝物，至今通商，来往不绝。于冬至后厦岛开椗，廿余日可达巴城（今雅加达），连衢设肆，夷民互市，贵贱交易，所谓利尽南海者也。富商大贾，获利无穷。

明朝年间，汉人已到呀瓦（爪哇）地经商获利，给丁票银，每至一名五六元。至今中国人口浩盛，住此地何啻十余万。

（槟榔屿）广袤方圆五百里，居民五万一千，屿有高山，有溪，地气和暖，山水甚美。……四方云集，福建人尤多，居然都会。

（吉兰丹，位于马来半岛北部）中国至此者岁数百，闽人多居埠头，粤人多居山顶。山顶则淘取金砂，埠头则贩卖货物及种植胡椒。凡洋船到各国，王家度其船之大小，载之轻重，而榷其税。船大而载重者，纳洋银五六百枚,小者二三百不等,谓之凳头金。客人初到埔头，纳洋银一枚，居浃岁又纳丁口银一枚。居吉兰丹山顶淘金欲回中国者，至埔头必先见王，纳黄金一两，然后许。年老不复能营生者减半，若甲必丹知其贫而为之请，则免。甲必丹者，华人头目也。

南洋岛之沿海，芜来由（马来亚）族居之。……为其原土人，智量有限，是以中国人乘机取利。广州府与嘉应州人为工，潮州府人为农，福建人为商。最获利者，乃厦门漳州之商。大半留住不归，每年一次寄信及银，以补亲戚之用。

（婆罗洲）古今唐人萃焉，广东嘉庆州人最多，或开肆，或采金沙，或贩锡藤胡椒乌木……内地多高山，每年掘金沙者二十万人，所掘金沙约十万两有余，每月一人出金一两有余，其中汉人自立长领，不服他国。亦有大富建广屋者，亦有务农者。

魏源看到，华人虽然在东南亚有所成就，但也受到了西方殖民统治者的剥削、压迫、欺凌乃至屠杀。例如，华人以往在印尼经商，所获得的金钱，或者是购物运回中国，或者是带现金回国，任其自便。荷兰殖民者统治印尼后,"严禁携银出口,必令将银转置货物,方许扬帆"。"而其货物又皆产于他处,未到巴城,以致唐船久候,风汛过时,年年不能抵厦,甚遭夏秋风飓,人船俱没。数十年如是,商贾莫不嗟叹,国课亦因减额,惟付之莫可如何。"更为严重的是,西方殖民统治者为了扩大鸦片贸易,还引诱华人吸鸦片。这不但使人倾家荡产,摧残身体,而且让东南亚华人忘记了故乡和故乡的父母妻儿,"无志报仇,复土我中华,人亦受其欺"。因此,魏源认为,中国应该积极扶植南洋华人的垦殖事业,并通过设立藩镇来管理和开发南洋。他引用他人的建议说:"唐人若肯开此大洲(婆罗洲)之荒地而总统之,其利益甚大。……如许大地方可养几百万饥民,运出货物,利及国家。"

当时的清政府连中国本土的安全也不能保证,魏源希望这个政府扶植南洋华人的垦殖事业,只能是空想。然而,中国民众还是纷纷前来东南亚发展。从19世纪60年代开始到20世纪50年代初近一百年的时间里,大约有1500万中国人前往东南亚国家。今天海外华人中最大的一个群体,就是东南亚华人。据不完全统计,到21世纪初,印度尼西亚约有华人1000万,马来西亚约有华人600万,泰国约有华人2000万。新加坡全国人口300多万,华人占了90%,是海外华人占所在国人口总数比例最高的一个国家。他们中的一些人通过艰苦创业，积累了大量资本，其后又回国投资，从而推动了中国社会的转型。据统计，从1862到1949年，华侨仅在广东、福建、上海三省市的投资企业数即达25510家。改革开放以来，中国与东盟的关系发展迅速。2014年，中国与东盟贸易额超过4800亿美元，比1991年增长了70多倍。截至2014年，中国已连续6年成为东盟第一大贸易伙伴，东盟连续4年成为中国第三大贸易伙伴。

这些变化，魏源没有看到，但他的"塞其害，师其长，彼且为我富强"的思想，则由此得到了证明。

正当魏源热切而焦虑地观察世界大势变化时，1851年1月，太平天国农民起义爆发。中国自鸦片战争开始的千年变局，又因国内矛盾的总爆发而表现得

太平天国运动的领导者——洪秀全

更为明显,同时也增添了新的变数。

1851年,魏源出任江苏省高邮州(今高邮市)的知州,并继续兼任负责淮北盐务的海州分司运判。此时的高邮是一个没有辖县的散州,知州的品级(从五)低于直隶州知州(正五),高于知县(正七)。

高邮是中国唯一以"邮"为名的市区,水陆交通便利,按今天的公路里程计算,距扬州60多公里,距南京160多公里,距上海320多公里,距合肥也是320多公里,还与安徽天长相邻,是连接北京与江南、苏北与苏南、江苏与安徽的交通要道。1684年至1707年,康熙皇帝6次南巡,每次都在高邮停留。在太平天国席卷江南之际,高邮的战略地位比较重要。

魏源是一个心忧天下的经世学者,每遇大事,都要研究一番,并提出一个系统的应对方案。按照以往著述《筹漕篇》《筹河篇》《筹鹾篇》《筹海篇》的模式,对于太平天国,魏源也应该写点"筹粤篇"之类的东西。特别是当他于1853年初被咸丰皇帝下旨调往安徽军营协助钦差大臣周天爵镇压太平军与捻军起义时,少年时就有"功名待寄凌烟阁"的魏源,更应写一点"应诏统筹全局折"之类的东西。

然而,魏源对如何应对太平天国并不怎么关心。

魏源到达高邮后,有好友前来探望,两人感慨时局,同赋《江南吟》。创作时,魏源对如火如荼的太平天国战争只字不提,所作的10首诗中,除了一首是感叹吴楚的风俗不同外,其他9首都是批评清朝的弊政,范围包括田政、河政、漕政、盐政、财政和鸦片政策,还批评清朝皇帝到处建行宫。

除了继续批评清朝的弊政外,魏源还抓紧时间增补《海国图志》,修改《道光洋艘征抚记》,同时还继续研究元代历史。

——1852年,《海国图志》由60卷增补到100卷。在其后记中,魏源继续感叹"不披海图、海志,不知宇宙之大"。世界各国"纵横九万里,上下数千年"。"(欧洲历史)尤为雄伟,直可扩万古之心智,至墨利加北洲(美国)之以部落代君长,其章程可垂奕世而无弊。"他语重心长地提醒国人:"岂天地气运,自西北而东南,将中外一家欤?夫悉其形势,则知其控驭。必有于筹海之篇,小用小效,大用大效,以震叠中国之声灵者焉,斯则夙夜所厚幸也。"

——1852年,魏源完成了述说鸦片战争历史的《道光洋艘征抚记》的修改。在这部著作中,魏源衷心希望:"尽收外国之羽翼为中国之羽翼,尽转外国之长技为中国之长技。富国强兵,不在一举乎?"他还特别强调说:"时乎时乎,惟太上能先时,惟智者能不失时;又其次者,过时而悔,悔而能改,亦可补过于来时。"

——1853年,魏源完成了《元史新编》的初稿。

魏源认为，元朝是最值得清朝借鉴的一个朝代，元史是非常值得时人重视的历史。

其一，元朝与其密切相关的四大汗国组成了一个地跨亚欧的庞大帝国，其国土面积到1294年达到了3300万平方公里，一说2800万平方公里，是仅次于大英帝国的人类史上第二大帝国。同时，元朝还与东南亚、西亚以至北非的120个国家和地区建立了通航贸易关系。因此，魏源的《元史新编》在某种程度上可以说是《海国图志》的续篇或姊妹篇。例如，《海国图志》中的《俄罗斯沿革》末附《元代北方疆域考》两篇，即考元代俄罗斯境，可见要了解俄罗斯的历史，就必须了解元代的历史。同样，中亚、西亚、南亚及东欧的历史，也与元代的历史密切相关。

其二，元朝同清朝一样，是一个由少数民族建立起来的朝代。魏源非常珍惜中华各民族的团结，反对站在某一个民族的狭隘立场来看待中国历史。因此，他注重研究中国历史上的少数民族和少数民族建立的王朝，不但写成了《元史新编》的初稿，还写过一部《辽史稿》，惜未存留下来。魏源认为，后人对元朝的统治不加分析地予以否定，多半是沿袭明朝人的做法。他说："明人好訾前代，每谓元起朔方，混一中夏，创制显庸……其用人，则台省要官，皆据于世族，汉人、南人，百无一二。……以臣观之，殆不尽然。方太祖、太宗开创之初,即以耶律楚材为相,其所举用,立贤无方。世祖混一南北,复相史天泽,而刘秉忠参赞大计,已同内相。其余如赵璧、宋子贞、张文谦、姚枢、许衡、叶李等,并入中书辅政。初无内蒙古、色目,外汉人、南人之见。惟中叶以后,始分畛域。"

其三,当时的中国,不但爆发了太平天国起义,西北地区的局势也极其不稳。而时人对西北地区的了解非常有限,魏源的《元代新编》将蒙元从初期至中叶以后在漠北和西域的历次军事行动整理得有条不紊,并将这些边疆地区的道里山川、风土人情尽可能具体而详细地进行介绍,"当使后人知地利,知兵法,知贼情"。经过他的一番努力,"俾穷荒绝域,数百年如堕云雾者豁然得睹,其方位虽间有疏略,而其高瞻远瞩,辟榛莽而启津途,足以补《禹贡》之缺、步章亥所未穷已"。

其四,元朝不到百年而亡,教训很多。魏源特别强调的有:元代中叶以后,元朝在用人上优先顺序为"内蒙古、色目,外汉人、南人"。在财政上,"贫极江南,富归塞北"。其疆域也过于辽阔,从而导致"穷年远讨,虚敝中国"。

其时,太平军正从穷乡僻壤的金田村势不可当地向虎踞龙盘的金陵城杀来,江南各省与江苏各地官员惊慌失措,惶惶不可终日。魏源仍在那里神闲气定地研究他的"海国""洋艘"与元史，同时还继续关心他的河政、漕政、盐政，似乎是极其迂腐。然而，当捻军起义、黄河改道、第二次鸦片战争、俄罗斯侵占外东北、浩罕汗国入侵新疆、西北回民动乱等事件一个接着一个发生时，有识之士才发现，魏源所关心的那些问题，实际上都是当时中国的当务之急，并不是只有在清政府与太平天国决出胜负之后才能进行的长远问题。

进而言之，通过《海国图志》《元史新编》等代表作，魏源实际上提出了一个全面应对千年变局的方案，其主要内容包括改革内政，保障民生，"师夷长技"，抵御外侮，富国强兵，兴学育才，加强民族团结，维护国家统一，争取国际合作等。

魏源只是一个散州的知州，不可能全面实施他的抱负，但他的治国理念，实际上也让他保住了高邮一州的平安。

高邮地处淮河下游，地势险要，水系繁复。高邮湖是个著名的"悬湖"，汛期水位与湖西地区有5米高的落差。按今天的数据，高邮湖大堤不仅关系到高邮83万人民的生命财产安全，更承担着保护里下河地区1200万人口、1400万亩农田的重任。因此，对高邮地方官来说，任何时期的第一要务都是确保高邮大堤的安全。早在1849年任兴化代理知县期间，魏源就曾率领里下河地区的兴化、高邮、江都、甘泉、泰州、宝应、东台7县人民战胜了当年的洪水。1850年，魏源查勘高邮运河东堤之外的西堤（月堤）旧址，便利用这一旧址大修高邮运河西堤，最终使运河东西两堤构成双重保障，成为里下河抵御淮河洪水的重要屏障。此外，他还在负责淮北盐务时筹银20余万生息，为高宝、运河两堤岁修之用，解决了高宝、运河岁修资费这一大难题，两堤得以修筑加固。魏源因此而深受高邮及里下河地区民众的拥戴，当魏源在1851年因病在高邮休养时，高邮及里下河地区民众"戒斋祈禳，香火千里，吁嗟万家"。

　　魏源深知高邮水利的重要性，他在1851年精心设计了个"以清送漕，不治下河而下河自保"的方案，并将这一方案寄给好友包世臣征求意见。魏源在战乱时期对治水的高度重视，让包世臣感到十分惊讶，赞叹地说："此时舍阁下更无肯管此闲事者。"然而，魏源只争取到了不足千两的经费，根本就无法大修水利，只能采取一些应急措施。1852年，魏源见高邮湖面宽阔，救生船不易巡救，遂在湖心筑岛，岛上植榆柳，以为避风泊岸之需。还疏浚众多港口，以便遇风就近躲避，当地称为"救生港"。

　　魏源在战乱时期仍然如此重视高邮及里下河地区的治水是非常必要的。魏源离任后仅13年，也就是

1866年,"高邮清水潭决口百八十六丈,西堤决口四百余丈,东北乡田庐被淹殆尽,民畜溺毙无数"。更大的灾难发生在1931年,这年的8月26日凌晨,高邮运河多处决堤,特大洪灾瞬间爆发,高邮和里下河各县尽成泽国,淹没耕地1320万亩,倒塌房屋213万间,受灾58万户,约350万人,有140万人逃荒外流,77000多人死亡,其中被淹死的19300多人。第二年,高邮又有58000多人死于疾病与饥荒。

除了治水安民生外,魏源还重视兴学安民心。魏源在高邮任职期间,带头捐养廉银,重修明代纪念苏轼、孙觉、秦观、王巩聚会于此而建造的文游台,并移珠湖书院(现高邮市实验小学校址)于文游台,改名为"文台书院"。同时,还在临泽镇仓圣祠兴办惜字社义学。为增加儒学学额,他召集士绅会议,奏请推广捐输案,发起捐资助学。在魏源的努力下,高邮的文风有了明显的改观。在琅琅读书声中,高邮的民心也得到了一定程度的安抚。

为了保一方平安,除了保障民生、安抚民心外,魏源也加强了高邮的军事防护。

咸丰三年(1853)正月,因太平军逼南京城下,高邮举人戴煦等禀请魏源设团练总局于三元宫。魏源立即批准,并亲自督办,"旬日之间,诸务毕举"。魏源还亲自督察巡防,增设关卡、驿站,派人四处刺探军情，对士兵乡勇勤加训练，赏罚分明。

咸丰三年二月二十三日（1853年4月1日），太平军攻克扬州。从扬州溃逃的清军官兵沿途烧杀抢掠。魏源于城外沿河率吏卒擒斩百余溃兵，溃兵不敢入城，民心稍安。两天后，高邮团练又抓获身份不明的散兵游勇40多人，其中有的暗系红巾，有的私藏赃物。魏源奉上司"格杀勿论"之命，将其全部杀死。从此之后，逃入高邮境内的溃兵，"屏息潜踪，邮民无尺寸失者"。

1853年4月，高邮湖西太平庄有人准备与太平军里应外合发动起义。魏源得报后，亲自率团练连夜前往，逮捕领头者20多人，并于当天黎明全部将其斩杀。

在魏源的严防死守与严厉打击下，在南京、扬州分别被太平军占领后的极其混乱的局面下，"高邮无恙，宝应、邵伯亦各安堵"。

1853年4月，清朝督办江北防剿事宜的杨以增，向朝廷奏劾魏源"迟误驿报"。咸丰随即于4月22日降旨："江苏高邮州知州魏源，于江南文报并不绕道递送，屡将急递退回，以至南北信息不通，实属玩视军务，魏源著即革职，以示惩儆。"

此事内情如何，魏源未做任何解释。魏源之子魏耆认为，1849年，魏源与杨以增在是否开闸放水问题上发生过激烈冲突，杨便借此机会报复。《魏刺史高邮事记》的作者姚舆认为，魏源"因整顿地方而获罪于统兵大员,借驿传事革职"。这里的"整顿地方",可能是指斩杀闹事溃兵,还可能是指反对乱征税。因为正是在魏源去职后,高邮始征厘捐(行商货物税),厘一扣(征税机构)设在车逻镇。此外,当时的朝廷对前线战事没有什么影响,战报早送几天、晚送几天也无关紧要,魏源不愿意让信使冒险送战报,也是有可能的。

革职后,魏源奉旨前往曾任湖广总督的钦差大臣周天爵军营。周天爵督率的是安徽团练,但其部属中,有李鸿章、孙家泰、朱麟棋、袁甲三、张树声、张树珊、周盛波、周盛传等后来赫赫有名的人物,这些人后来把这支团练演变成了淮军。

魏源深得周天爵信任,当年近80岁的周天爵病重时,由魏源领衔于1853年10月22日将周的病情禀报给朝廷。换言之,此时的周营,实际上就是魏源在主持日常工作。

周天爵去世后,

清朝名臣——李鸿章

周营由袁世凯的叔祖父袁甲三继任统帅军队。袁甲三向朝廷奏请恢复魏源的职务。咸丰三年十一月十八日（1853年12月18日），咸丰下旨，因魏源在徐州帮带乡勇，在颍州抓获100多名要犯，批准恢复魏源知州原官，仍留江苏补用。

官复原职，多少给了魏源一些安慰，同时也让魏源感到可以离开官场了。他在1854年冬写了一首题为《江头月》的诗：

> 欲融不融城上雪，
> 欲落不落江上月。
> 江上月，皎如雪。
> 清秋已过月再圆，
> 可惜圆时照离别。
>
> 可怜今夜月，
> 正照秣陵城，
> 秦淮歌管变鼓钲，
> 长爪巨牙街衢行。
>
> 可怜今夜月，
> 曾照庐州堞，
> 八公草木风鹤声，

沟垒高深为谁设！

可怜今夜月，
方照金焦口，
点点云鬟螺黛中，
水战余皇瓜渚守。

可怜今夜月，
更照吴淞郭，
城头谯鼓兼画角，
蚌鹬相持几时活？

可怜今夜月，
还照大海船。
徐市至今方丈谪，
蓬壶日日皆神仙。

江上月，皎如雪。
可惜万古照离别，
长歌短谣，君起舞，我击节。

  这首诗中的秣陵城（地处南京市江宁区中部，东隔秦淮河与湖熟相望），指的就是时为太平天国首都的南京。魏源为南京城内"秦淮歌管变鼓钲，长爪巨牙街衢行"感到惋惜，表明他对太平天国并没有什么好感。诗中的庐州，则是湘军与太平军争夺最为激烈的地区之一。魏源在诗中质问："沟垒高深为谁设！"表明他认为这种内战对中国没有什么意义，只能给外国侵略者提供机会。为了摆脱清军与太平军的"蚌鹬相持"，1854年，魏源坚决告别官场，在他曾任职的兴化县皈依空门。

魏源皈依空门，并非是放下他的救世理想。

魏源认为："夫王道经世，佛道出世，滞迹者见为异，圆机者见为同。""鬼神之说，其有益于人心，阴辅王教者甚大，王法显诛所不及者，惟阴教足以慑之。"佛教对于维护社会稳定，端正人们的道德品质能够起重大辅助作用，因而极力提倡"阴教与王治辅焉"的"神道设教"，以弥补一般世法治国所易导致的偏颇。

为了更好地发挥佛教"阴辅王教"的作用，魏源晚年用了很大的精力来研究佛学。他在佛学上的重要贡献，是会译《无量寿经》，并编定《净土四经》。他的这些著作，被同治中王荫福居士称为："包举纲宗，文辞简当，乃得为是经之冠冕。"当代著名佛学家赵朴初也称赞魏源手定的《净土四经》"为近世佛教重光之始"。

1856年秋天，魏源感到自己的身体状况严重恶化，就把自己整理的佛经、书稿、信件等，从高邮寄给湘潭的朋友周诒朴，嘱他刊布。然后，他来杭州，寄住在西湖东园的一处僧舍（今杭州市南山路96号），开始过起了隐居生活。

1857年农历三月初一（3月26日），魏源在杭州东园僧舍安然去世。因其生平喜爱西湖，遂被葬在西湖边上的南屏山方家峪（今杭州市西湖街道净寺社区阔石板路151号后九曜山方家峪的山坡上）。

魏源默默地走了，但他的思想却一直在深深地影响着中国。

1860年，英法联军打进北京，咸丰皇帝逃往热河行宫并最终死在那里。直到此时，中国才有一批当权者认识到洋枪洋炮的厉害，意识到千年变局的到来。于是，中国终于开始了"师夷长技"的洋务运动。

日本对《海国图志》的重视远远超过了中国，1854年至1856年，日本出版了21种不同版本的《海国图志》选本，占同一时期日本出版的世界史地著作数量的一半。通过《海国图志》，日本人认识到："万国环绕，其势如此，若我茫然拱手立于其中，不能察之，实在危险得很。"（明治维新精神领袖吉田松阴语）在一批"开国派"的推动下，日本从1868年开始了自己的"师夷长技"——"明治维新"。明治维新在"师夷"的范围、力度、深度及效果等各个方面，都远远超过了中国的洋务运动。

1895年,中日甲午战争的悲惨结局把中国广大士大夫惊醒了,他们开始从事范围更广的"师夷长技"——戊戌维新。在这一时期,维新派试图进行以君主立宪为目标的政治制度的改革,孙中山则提出了"建立合众国"的纲领,后来进一步提出了"创立民国"的纲领。戊戌维新和辛亥革命,使中国终于开始像魏源所说的那样"变古今官家之局"。

魏源在《海国图志》中明确指出,中国最为根本的问题并非"师夷长技",而是祛"人心之寐患"与"人材之虚患"。戊戌维新运动中的"鼓民力""开民智""新民德"主张和1915年开始的新文化运动中的"民主""科学"两面旗帜,要而言之,也就是希望解决"人心之寐患"与"人材之虚患"这种根本问题。

魏源的"制夷"方略,并不限于"师夷长技",还包括"以夷攻夷""以夷款夷",也就是建立广泛的反侵略国际联盟。这种设想,在中国人民的抗日战争中得到了实现,中国因此而与魏源在《海国图志》中最为看重的美国、俄国(时已为扩大的苏联)、英国、法国共同成为联合国安理会5大常任理事国。

1978年后,魏源开眼看世界的胸怀与"师夷长技"的思想得到了中国人民前所未有的重视。魏源所期盼的"风气日开,智慧日出,方见东海之民,犹西海之民",也在改革开放的40年中得到了前所未有的体现。今日中国正在推进的"一带一路"倡议,更让魏源期盼的"中外一家"的面貌发展到了一个崭新阶段——用习近平总书记的话说,就是"构建人类命运共同体"。

魏源看到的世界,是一个全球化的世界。魏源认识到的变局,是一个千年变局。这种"天地气运",虽然在不断地产生新的变化,但其大趋势,一直都没有改变。

今天的世界,与魏源看到的世界已经大不一样,但东方各国与南方各国基本上仍然是发展中国家,还有很多国家处于贫困与战乱之中,发达国家和富裕国家大多数仍然集中在西方与北方。

今天的中国,虽然"风气日开,智慧日出",但与魏源所期盼的"东海之民,犹西海之民","尽收外国之羽翼为中国之羽翼,尽转外国之长技为中国之长技",也还有较大的距离。

如此等等,魏源的"师夷长技"思想与"天地气运,自西北而东南"等思想,仍是人们应当重视的一种重要思想。

抚今追昔,我们深深感到:魏源并没有离开!永远不会离开!

后　记

"一带一路"相关国家众多,代表性人物众多,为中外交好、民心相通作出杰出贡献的人士众多。因此,为"一带一路"璀璨群星立传,既使命光荣,又责任重大。在这项浩大工程的策划、组织、执行过程中,有许许多多的志士参加了有关传主的名单征集和审定,以及写作、翻译、审读、编辑、出版、筹资、联络等繁重而琐细的工作。所有参与的人员,以拳拳报国之心,尽深厚学养之力,克服了时间紧、任务重、要求高、压力大等诸多困难与挑战,最终圆满完成了任务。在本书付梓之际,丛书编委会特向参与本项目的全体同志致以崇高敬意和衷心感谢！

同时特别需要鸣谢的是，提出策划并领导实施此项目的中国传记文学学会会长王丽博士。王博士长期从事法律实务工作，经验丰富，并由于她担任"一带一路服务机制"主席职务的原因，她对相关国家、对走出去的"一带一路"建设者和广大青少年的需求了解真切，提出应当为他们写一套介绍各国典型人物的简明易读的传记，为他们提供健康的精神食粮。她把这项"额外"的工作当成了事业，联袂商会筹集资金、苦口婆心招揽作者、精心挑选传主名录、夙夜青灯挥笔写作、近乎偏执逐字推敲，可谓亲力亲为呕心沥血。面对如此浩大的出版项目和繁重的出版任务，中国出版集团华文出版社不但毅然承担了出版任务，而且集团和出版社的领导与中国传记文学学会的负责同志一起协商，寻求有关部门的支持和帮助，努力将该传系打造成高质量的精品好书。在此，我们特向项目牵头人和中国出版集团公司、华文出版社的相关领导和编辑致以崇高敬意和衷心感谢！

更让我们感动的是，在项目实施过程中，一些富有家国情怀的民间商会和企业家的慷慨解囊，虽不足以支撑项目的全部费用，但是他们所表现出的热心和支持，让我们坚定了走下去的信心和决心。在此，我们要特别鸣谢为本项目的创作与出版做出捐赠支持的中国民营经济国际合作商会、亿阳集团股份有限公司、富通集团有限公司以及太平洋证券股份有限公司,并对他们的拳拳报国之心和慷慨无私帮助致以崇高敬意和衷心感谢!

一项伟大的事业,离不开许多默默无闻的奉献者。在本传记系列的组织、编写、出版过程中,有历史、文学、科研、外交、教育、法律、翻译、出版等领域的数百位专业人士参与,恕不能在此处一一详列。需要特别提出的是,鞠思佳、景峰等同志为组织联络、收集资料到处奔波而毫无怨言,唐得阳、唐岫敏、白明亮、谭笑等同志在编写、翻译和编辑、校对过程中的细致与负责让我们感动,赵实、胡占凡、高明光、吴尚之、刘尚军、李岩、王灵桂、李永全、陈晓明、许正明、宋志军等同志睿智的指点和专业的帮助让我们避免了许多弯路。在此,我们特向以上各位同志致以崇高敬意和衷心感谢!

当然,由于我们水平所限,本丛书难免有某些不尽如人意和瑕疵之处,敬请学界专家和各位读者不吝赐教,我们将在作品再版之时予以完善。在此,我们也向各位读者提前表示崇高敬意和深深感谢!

"一带一路"列国人物传系编委会
2018年3月8日